Manteniéndose Firme en Estos Últimos Días

KAY ARTHUR

Este libro fue publicado en inglés con el título "Standing Firm in These Last Days" por Harvest House Publishers 1996 por Ministerios Precepto

MANTENIÉNDOSE FIRME EN ESTOS ÚLTIMOS DÍAS

ISBN 978-1-62119-178-0

2017 Edición Estados Unidos

CONTENIDO

Cómo Empezar...

ᏚᏚᏚᏚᏚ

¡CUANDO TODO LO DEMÁS FALLE, LEE LAS INSTRUCCIONES!

Enfrentémoslo, la mayoría de las personas piensan que las instrucciones sólo deben leerse si no podemos descifrar por nosotros mismos lo que debemos hacer. Leer las instrucciones nos atrasa y no nos permite entrar en materia. Lo entendemos. ¡Nos sentimos de la misma forma! Sin embargo, las instrucciones breves que siguen a continuación son una parte integral de tu estudio y te ahorrarán tiempo y frustraciones a lo largo del camino, así que ¡tómate unos minutos y empieza de la forma correcta!

PRIMERO

Hablemos de lo que necesitarás para realizar este estudio. Además de este libro, necesitarás tres "herramientas":

1. Una Biblia. (*La Biblia de Estudio Inductivo [BEI]* es *una* Biblia ideal para este tipo de estudio porque tiene el texto escrito en una sola columna, es fácil de leer, papel de alta calidad, márgenes amplios e innumerables ayudas para el estudio). Sin embargo, no importa cual Biblia sea la que utilices para este estudio, debes estar al tanto de que se te pedirá marcar sus páginas. Así que si prefieres no marcar tu Biblia y tienes acceso a un programa de Biblia o una computadora, podrías imprimir el texto de 1 y 2 Tesalonicenses y trabajar en el texto impreso. O podrías

fotocopiar el texto de 1 y 2 Tesalonicenses de tu Biblia y trabajar en la copia. (Esto es permitido solo *si* es para tu propio uso).

2. Cuatro diferentes colores de marcadores, varios colores de lápices de punta fina, lápices de colores, o lápices Pentel de ocho colores (los puedes comprar en Ministerios Precepto Internacional o en la mayoría de tiendas de suplementos para oficina).

3. Un cuaderno de notas para trabajar en tus tareas y anotar tus ideas y/u observaciones. Escribe tus ideas capítulo por capítulo, anotando cada nuevo capítulo (capítulo 1, capítulo 2 y así sucesivamente) al ir avanzando en el estudio.

SEGUNDO

Si estás haciendo este estudio con un grupo y te das cuenta que no eres capaz de hacer el estudio de cada día de la semana, entonces simplemente haz lo que puedas hacer. Hacer un poco es mejor que no hacer nada. No seas una persona de todo o nada cuando se refiere al estudio de la Biblia.

Recuerda que cuando se trata de la Palabra de Dios, enfrentas una intensa batalla con el diablo (nuestro enemigo). En Efesios 6 vemos que cada parte de la armadura de un cristiano espiritual es la espada del Espíritu y ésta es la Palabra de Dios. Satanás quiere que pelees con una espada débil. ¡No cooperes con él! ¡No tienes por qué hacerlo! Solo reconoce que estás en una batalla.

Al estudiar 1 y 2 Tesalonicenses, se te darán instrucciones específicas para cada día. Cada tarea te tomará de 15 a 30 minutos, dependiendo lo que se cubra en cada día. Además de tener instrucciones específicas para cada día, hay cosas básicas que debes saber, hacer y recordar al ir avanzando en el libro capítulo por capítulo. Así que hablemos de esto ahora.

1. Al leer cada capítulo, acostúmbrate a hacer las seis preguntas básicas: ¿qué?, ¿quién?, ¿cuándo?, ¿dónde?, ¿cómo? y ¿por qué? Al hacerte preguntas como estas puedes ver exactamente lo que la Palabra de Dios está diciendo. Cuando interrogas el texto con las seis preguntas básicas, puedes hacer preguntas como éstas:

a. ¿De **qué** se trata el capítulo?
b. ¿**Quiénes** son los personajes principales?
c. ¿**Cuándo** ocurre este evento o enseñanza?
d. ¿**Dónde** sucede esto?
e. ¿**Por qué** sucede o se dice esto?
f. ¿**Cómo** sucedió?

2. Las referencias al tiempo indicando el "cuándo" de los eventos y enseñanzas son muy importantes y deberías marcarlas en tu Biblia en una forma fácil de reconocer e identificar. Te sugerimos colocar un círculo ◯ (como este) en el margen de tu Biblia a la par del versículo donde se menciona la frase del tiempo. Tal vez prefieras dibujar el círculo sobre la frase del tiempo o simplemente desees subrayar o colorear las referencias al tiempo con un color específico.

Recuerda, el tiempo y la secuencia cronológica pueden ser expresadas en diferentes formas: mencionando tiempo, día, mes o año específico o al mencionar eventos específicos que son una clave de un tiempo, tal como una fiesta, el reinado de un rey, etc. El tiempo también puede ser expresado por palabras tal como *entonces, cuando, después de todo, en este tiempo,* etc.

3. Existen palabras clave de las cuales querrás llevar un código de color al marcar el texto en tu Biblia a lo largo del estudio. Por eso es necesario que tengas lápices de colores. Desarrollar el hábito de marcar tu Biblia de esta forma hará una diferencia significativa en la efectividad de tu estudio y de cuánto podrás recordar de lo que has estudiado.

Una **palabra clave** es una palabra importante usada por el autor repetidamente para trasmitir su mensaje al lector. En la misma forma en que se abre la puerta con una llave, las palabras clave abren el significado de un texto. Ciertas palabras o frases clave se mencionarán a través de todo el libro, mientras que otras serán más específicamente utilizadas en capítulos o segmentos del libro. Cuando marcas con un color una palabra clave, asegúrate de marcar también sus sinónimos de la misma forma en que marcaste su palabra clave que se le relaciona. (Recuerda que un sinónimo es una palabra que tiene el mismo significado en el contexto que la palabra clave que marcaste.) También marca los pronombres que se refieran a la palabra clave de la misma forma en que estás marcando la palabra (*él, ella, yo, tú, nosotros, vosotros, ellos, ellas, nuestro, nuestra,* etc.)

El marcar las palabras clave te permite identificar la palabra y por lo tanto, el sentido del texto fácilmente. Puedes marcar las palabras usando colores, símbolos, o una combinación de ambos. Sin embargo, los colores son más fáciles de distinguir que los símbolos cuando regresas a buscar un texto en tu Biblia. Si utilizas símbolos, trata de hacerlos sencillos. Por ejemplo, nosotros usamos un megáfono para marcar la palabra *evangelio* y luego lo coloreamos de verde: **evangelio**. Marcamos las palabras **sufrimiento** y **aflicción** usando el color rojo y hacemos un símbolo que parezca una llama de fuego. Marcamos toda referencia a la venida del Señor Jesucristo con una nube como ésta:

la venida del Señor Jesucristo.

Después de haber dibujado la nube, coloreamos los márgenes exteriores de la nube con un color azul y el centro de amarillo.

El color hace que tus ojos reconozcan rápidamente la palabra y te acostumbras a reconocerla de esa forma. El símbolo transmite el significado de la palabra. Puede parecer un poco juvenil el marcar las palabras de esta forma, pero si no haces caso a este sentimiento y cultivas el hábito de marcar las palabras clave en tu Biblia de una forma distintiva y memorable, entonces verás una gran diferencia en tu habilidad de retener lo que estudias.

Permítenos darte otro ejemplo de cómo marcar palabras. Puedes marcar referencias a alguien de la Trinidad con un color amarillo para demostrar la unidad entre los tres y luego, para distinguirlos entre el Padre, el Hijo y el Espíritu Santo, puedes dibujarle un símbolo distintivo a cada uno de los tres con un lápiz morado. Marca el Padre con un triángulo así: **Dios** simbolizando la Trinidad. Marca el Hijo con el mismo triángulo solo que esta vez incorporando una cruz de esta forma: **Jesús** y marca el Espíritu Santo con el triángulo incorporando una nube así: **Espíritu**.

Deberías idear un sistema de código de colores para marcar las palabras clave a lo largo de toda tu Biblia para que así, cuando veas las páginas en el futuro, tu ojo observará las palabras clave que marcaste. Una vez empieces a utilizar un código de colores para las palabras clave, será fácil olvidar qué símbolos o colores estás utilizando para identificar una palabra en particular. Para ello tal vez quieras utilizar una tarjeta índice y escribir allí las palabras clave. Marca las palabras de la forma en que planeas marcarlas en tu Biblia y luego usa esta tarjeta como un separador de libros. Puedes hacer un separador de libros con las palabras que marcaste consistentemente a lo largo de toda tu Biblia y cada vez que estudies un libro específico hacer una para cada libro estudiado.

En este curso de estudio, cuando seas instruido a marcar una palabra o frase clave, se te estará dando una palabra o frase de la traducción Nueva Biblia Latinoamericana de Hoy. Por lo tanto, como otras traducciones pudieron haber traducido una palabra o frase en particular del hebreo o griego al español de una forma diferente a las utilizadas en la de NBLH, la Reina Valera y la Nueva Versión Internacional (NVI) por ello tendrás notas al pie de página y una lista en la parte de atrás de este libro.

4. Ya que los lugares son muy importantes al estudiar un libro histórico o biográfico de la Biblia, entonces también querrás marcarlos de una forma distintiva. Te sugerimos simplemente utilizar doble línea de color verde para marcar cada referencia a un lugar (¡ya que los árboles y el césped son verdes!). No encontrarás muchos lugares mencionados en Tesalonicenses. Pero, cuando veas mencionar un lugar, el marcarlo te dará una mayor apreciación de lo que se está diciendo.

También es beneficioso buscar los lugares en mapas para tener una perspectiva apropiada de dónde ocurrieron los eventos en relación unos con otros. Usar los mapas de esta forma, te dará un contexto "geográfico". Si tienes una *Nueva Biblia de Estudio Inductivo* (NBEI), encontrarás mapas pertinentes al pasaje en particular localizado justamente en el texto donde se mencione un lugar para una rápida referencia. ¡Los mapas están incluidos en el texto de la Biblia para que sepas dónde en el mundo sucedió!

5. Cada día, cuando hayas terminado tu lección, medita en lo que viste y pídele a nuestro Padre celestial que te muestre cómo debes vivir considerando las verdades que acabas de leer. Habrá momentos, dependiendo en cómo Dios te haya hablado, en que querrás anotar estas "Lecciones para la Vida" (LPV) en el margen de tu Biblia junto a los versículos que contienen la verdad que estás aplicando para tu vida en ese momento. Escribe "LPV" en el margen de tu Biblia y luego lo más breve posible escribe la lección para tu vida que quieres recordar, bajo este encabezado.

6. Siempre empieza tu estudio con una oración. Al hacer tu parte de manejar la Palabra de Dios adecuadamente, recuerda que la Biblia es un libro divinamente inspirado. Las palabras que estás leyendo son verdad, dadas a ti por Dios para que puedas conocerlo a Él y Sus caminos. Estas verdades son divinamente reveladas.

Pero Dios nos las reveló por medio del Espíritu, porque el Espíritu todo lo escudriña, aún las profundidades de Dios. Porque entre los hombres, ¿quién conoce los pensamientos de un hombre, sino el espíritu del hombre que está en él? Asimismo, nadie conoce los pensamientos de Dios, sino el Espíritu de Dios (1 Corintios 2:10,11).

Por lo tanto, pídele a Dios que te revele Su verdad, que te dirija y guíe a toda verdad. Él lo hará, si se lo pides.

TERCERO

Este estudio está diseñado para colocarte dentro de la Palabra de Dios diariamente. Ya que el hombre no solo vive del pan sino de toda palabra que salga de la boca de Dios, por ello necesitamos diariamente de una porción de verdad.

Las tareas de la semana cubren los siete días; sin embargo, el séptimo día es diferente a los demás. En el séptimo día, el enfoque estará en la mayor verdad cubierta durante el estudio de esa semana.

Encontrarás uno o dos versículos para memorizar y GUARDAR EN TU CORAZÓN. Luego habrá un pasaje para LEER Y DISCUTIR. Esto será adecuado para aquellos que estén utilizando este material en forma de una clase, porque llevará a la clase a enfocar su atención en una posición crítica de las Escrituras. Para ayudar al individuo y/o a la clase, existen una serie de PREGUNTAS PARA LA DISCUSIÓN O ESTUDIO INDIVIDUAL. Seguidamente con un PENSAMIENTO PARA LA SEMANA que te ayudará a comprender cómo caminar a la luz de lo que has aprendido.

Cuando discutas la lección de la semana, asegúrate de apoyar tus respuestas y observaciones con la misma Biblia en lugar de dar solo una opinión o una conclusión. Al usar las Escrituras en su contexto para apoyar tus respuestas, desarrollas el hábito de "manejar la Palabra adecuadamente." Siempre examina tus observaciones cuidadosamente, leyendo el texto con atención para ver lo que *dice*. Luego, antes de que decidas qué es lo que dice la Escritura o lo que *significa* el pasaje, asegúrate de interpretarlo a la luz del contexto.

La Escritura nunca se contradice a sí misma. Si alguna vez pareciera lo contrario, puedes estar seguro de que en algún lado algo fue quitado de su contexto. Si llegas a un pasaje que es difícil de entender, reserva tus interpretaciones para un momento donde puedas estudiar el pasaje más profundamente.

Los libros de la Nueva Serie de Estudio Inductivo son cursos panorámicos. Si quieres hacer un estudio mucho más profundo de algún libro en particular de la Biblia, te sugerimos estudiar el curso de Precepto Sobre Precepto acerca de ese libro que deseas. Puedes obtener más información sobre estos estudios contactando a la oficina Ministerios Precepto Internacional en tu país.

Ahora bien, el leer las instrucciones no estuvo tan mal, ¿no lo crees? Ahora puedes iniciar. Recuerda que el premio nunca se da a aquel que no termine el curso… así que "¡a hacer el mejor esfuerzo!"

PRIMERA DE

TESALONICENSES

Introducción a
1 Tesalonicenses
∾ ∾ ∾ ∾

Jesús viene... y estamos llenos de preguntas: *¿Cómo debemos vivir a la luz de Su venida? ¿Cómo vamos a manejar las presiones de la sociedad? ¿Los deseos de la carne?*

¿Debemos dejar de trabajar y no hacer nada y solo "servir a Dios" hasta que Él venga? O, ¿deberíamos aprovechar todo lo que podamos de la vida, en caso de que Jesús venga antes de que hayamos podido probar todo lo que ella tiene que ofrecernos?

¿Qué acerca del sufrimiento y de la aflicción que hemos tenido desde que creímos en Jesucristo? ¿Irán aquellos que nos escarnecen, ridiculizan y hasta nos afligen a salirse con la suya con ese cruel y despiadado comportamiento? ¿Existe la justicia – un día de ajustar cuentas o irá Su venida a impedir todo esto?

¿Cómo será Su venida? ¿Qué les sucederá a aquellos que anhelan ver Su venida pero mueren antes de que Él venga? ¿Qué les sucederá a aquellos que creyeron y aún están vivos cuando Él venga? Si el día del Señor viene pronto y será un día de oscuridad y destrucción, ¿dónde estaremos cuando eso suceda?

Si estas son preguntas que han cruzado tu mente de vez en cuando o quizás continúan allí, entonces has escogido el libro correcto para estudiar. Al estudiar estas siguientes nueve semanas, encontrarás no solo respuestas a estas preguntas, sino invaluables palabras de exhortación y ánimo para equiparte a mantenerte firme y poder "ser preservado irreprensible para la venida de nuestro Señor Jesucristo" (1 Tesalonicenses 5:23).

Invertirás aproximadamente de 15 a 30 minutos diarios en este estudio, te asombrarás de lo que aprenderás y de la transformación como resultado de este estudio, al simplemente poner en práctica las verdades que recogiste. Estudiar la Palabra de Dios de esta manera es transformador porque estarás siendo enfrentado cara a cara con Ella de una forma que te permite ver la verdad por ti mismo. Recuerda que la verdad te acerca aún más a Tu Dios y Padre.

*I*RREPRENSIBLE *P*ARA LA *V*ENIDA DE *C*RISTO – ¿*E*S *E*STO *P*OSIBLE?

∾∾∾∾

---
*P*RIMER DÍA

Siempre que empiezas un estudio de cualquier libro de la Biblia, si es posible, es bueno leer el libro entero varias veces, para así desarrollar un sentido del contexto, un conocimiento total del contenido del libro y cómo cubre el autor el material. No obstante, debido a la naturaleza abreviada de estas series, se te pedirá que leas 1 Tesalonicenses como un todo solo dos veces en esta primera semana de tu estudio.

La siguiente semana, empezará nuestro análisis capítulo por capítulo de 1 Tesalonicenses que durará cinco semanas. Posiblemente, después de este estudio de seis semanas, seguirás con el estudio de 2 Tesalonicenses en tres semanas. Como fue mencionado anteriormente, será en este estudio de ambos libros, donde encontrarás las respuestas a las preguntas expuestas en la introducción.

Al iniciar hoy, recuerda que el marcar las palabras clave en tu Biblia, es una herramienta de aprendizaje invaluable. (Si no has leído aún "Cómo Comenzar" que se encuentra al inicio de este libro, por favor haz una pausa y regresa a hacerlo, ya que es importante para tu estudio). Si todavía tienes duda en marcar

17

tu Biblia porque piensas que cometerás errores, puedes ya sea imprimir una copia del texto de tu computadora o fotocopiar el texto de tu Biblia para que así trabajes en la copia y luego transfieras tus marcas y anotaciones a tu Biblia. En esta época de borradores y correctores líquidos, no te preocupes en ser tan cuidadoso al marcar tu Biblia.

Bueno, ahora empecemos. Recuerda que nuestra meta de esta semana es simplemente tomar un panorama general de 1 Tesalonicenses. No te preocupes o detengas para tratar de comprender el libro completo en una sola lectura.

1. Antes de que empieces a leer, haz tu separador de páginas con las siguientes palabras y frases clave. Márcalas en tu separador de la misma forma en que planeas marcarlas en el texto:

- todas las referencias a la venida del Señor,
- *tribulación*[1], *sufrir*[2] *(sufrido)*, *sufrimiento(s)*, *padecieron*[3].

(Nota que no se da una frase específica para la venida del Señor ya que éstas referencias varían en su redacción. Decide cómo marcarás estas referencias y marca la frase "la venida del Señor" de esa forma en tu separador de páginas y luego búscala cuidadosamente y marca cada referencia de esta misma forma en tu estudio).

2. Lee el capítulo 1 y luego anota lo siguiente en tu cuaderno:

- ¿Quién está escribiendo?
- ¿A quién está dirigida la carta?

3. Ahora en una hoja diferente de tu cuaderno en la que acabas de escribir, haz una lista como la que se encuentra en la página 19, dejando espacio después de cada tema para que tengas lugar para anotar todo lo relacionado a cada capítulo estudiado:

TEMAS PRINCIPALES EN 1 TESALONICENSES
Capítulo 1:
Capítulo 2:
Capítulo 3:
Capítulo 4:
Capítulo 5:

4. Ahora debajo del encabezado de "Capítulo 1," escribe el tema principal que el autor está cubriendo en este capítulo. (Por cierto, en el texto original de la Biblia no había divisiones por capítulos. Las divisiones por capítulos y versículos fueron añadidos para una ayuda de referencia en el estudio).

SEGUNDO DÍA

Lee 1 Tesalonicenses 2 y continúa marcando las palabras clave. Marca cualquier referencia de la venida de Jesucristo y las referencias a la aflicción marcando sufrido[4] y maltratados[5]. Asegúrate de marcar las palabras clave con un color o un símbolo que hayas escogido ayer al hacer el separador de páginas.

Anota en tu cuaderno el tema principal que el autor cubre en este capítulo, debajo del encabezado de Capítulo 2.

TERCER DÍA

Tu tarea para hoy es leer el capítulo 3 y marcar todas las referencias de la venida de Jesucristo y cualquier referencia a la palabra aflicciones[6] junto con sus sinónimos. No olvides realizar tus notas del capítulo en tu cuaderno.

CUARTO DÍA

Como probablemente ya lo sabes, tu tarea para hoy es el capítulo 4. Sigue el mismo procedimiento de los capítulos anteriores.

QUINTO DÍA

Finalmente, llegamos al último capítulo de 1 Tesalonicenses. Sigue el mismo procedimiento que has llevado en los últimos cuatro días.

Si tienes tiempo cuando termines tu tarea de hoy, lee en tu cuaderno todo lo que has anotado sobre los temas principales de cada capítulo. Observa si logras ver si existe algún cambio en lo que el autor está diciendo, un lugar en el libro donde pareciera que está tomando una dirección diferente. Si lo ves, anótalo en tu cuaderno. Será un tema de discusión para el séptimo día.

SEXTO DÍA

Ahora que ya has leído el libro de 1 Tesalonicenses capítulo por capítulo, lee de una sola vez todo el libro. Nuevamente, trata de identificar la división natural que se da en el libro. Talvez lograste verlo el día de ayer al revisar tus notas, pero si no lo has visto, trata de encontrarlo hoy. Observa cuidadosamente lo que Pablo cubre en los primeros tres capítulos y luego cómo inicia el capítulo 4. ¿Cuál es el cambio que Pablo hace en su carta en cuanto a su contenido y/o dirección?

SÉPTIMO DÍA

Guarda en tu corazón: 1 Tesalonicenses 5:23.

Lee y discute: Si estás estudiando con un grupo, escoge cuatro personas para que lean los últimos tres versículos de cada uno de los cuatro capítulos de 1 Tesalonicenses. Luego a una quinta persona para que lea 1 Tesalonicenses 5:23-28.

Si estás estudiándolo por ti mismo, simplemente lee estos versículos.

PREGUNTAS PARA LA DISCUSIÓN O ESTUDIO INDIVIDUAL

~ Según el texto, ¿quién es el autor de 1 Tesalonicenses?

~ ¿A quién va dirigida la carta de 1 Tesalonicenses?

~ Según 1 Tesalonicenses 5:27, ¿qué *tipo* de literatura o escritura es 1 Tesalonicenses?

~ ¿En dónde aparecieron en el estudio de ésta semana las palabras *aflicción(es)* o sus sinónimos *sufrimiento* y *tribulación*? ¿Qué aprendiste marcando estas palabras?

Si estás en una clase y tienes acceso a una pizarra acrílica, haz una lista de las observaciones que las personas comparten.

Las ayudas visuales son muy útiles al enseñar, ya que el ver lo que se está diciendo y discutiendo, ayuda a a la memoria. Realiza las seis preguntas básicas.

a. ¿**Quién** sufrió o fue afligido?
b. ¿**Cuál** fue la razón por la que sufrían?
c. ¿**Cuándo** sucedió su aflicción, sufrimiento o tribulación? ¿En **dónde**?
d. ¿**Por qué** sufrieron?
e. ¿**Cómo** fueron afligidos o cómo sufrieron?

∾ Ahora revisa toda referencia a la venida del Señor y haz tus observaciones. (De nuevo examina las referencias a la luz de las seis preguntas básicas). Puedes hacer preguntas como estas:

a. ¿Quién está involucrado en Su venida?
b. ¿Qué aprendes acerca del Hijo?
c. ¿Dónde estaremos nosotros los creyentes en Su venida?
d. ¿Cómo será Su venida?

∾ Tomate un tiempo para meditar en el contenido general de cada capítulo de 1 Tesalonicenses, hazlo capítulo por capítulo. Anota de nuevo tus observaciones.

∾ ¿Pudiste notar el "cambio" en el contexto del libro? ¿Qué sucede en el capítulo 4? ¿Qué cambio de dirección o de tema logras ver en esta epístola (carta)?

∾ ¿Qué aprendiste como resultado del estudio de la lección de esta semana?

Pensamiento para la Semana

¡Tu – santificado por completo! ¡Apartado por Dios, santo en espíritu, en alma y cuerpo! Es un pensamiento asombroso, ¿no lo crees? ¡Especialmente a la luz de la venida de nuestro Señor Jesucristo!

Sería maravilloso tener la confianza de saber que cuando te presentes ante el Señor Jesucristo para rendirle cuentas de tu vida (y todos tendremos que hacerlo), tu serás capaz de presentarte sin ninguna mancha… o vergüenza.

¿Ya te diste cuenta, cómo oró Jesucristo por ti justo antes de ser arrestado, llevado a un juicio ilegal, juzgado culpable y llevado a la crucifixión? Él oró, "No te ruego que los saques del mundo, sino que los guardes del maligno. Ellos no son del mundo, como tampoco yo soy del mundo. Santifícalos en la verdad; tu palabra es verdad. Como tú me enviaste al mundo, yo también los he enviado al mundo. Y por ellos yo me santifico, para que ellos también sean santificados en la verdad" (Juan 17:15-19).

Amado hijo de Dios, haz tuya la meta de ser la respuesta a la oración de nuestro Señor.

¿Qué Ha Sucedido Desde Que Creíste?

¿Te recuerdas el día en que renunciaste a vivir a tu manera para así poder servir al verdadero Dios viviente? Desde ese entonces, ¿has vivido deseando la venida del Hijo de Dios quien te salvará del castigo que vendrá? Deberíamos hacerlo; es una esperanza purificadora.

PRIMER DÍA

Lee 1 Tesalonicenses 1:1-7 y marca toda referencia a los tesalonicenses, quienes son los destinatarios de la carta de Pablo. Asegúrate de marcar todos los pronombres *su* o *ustedes*[7] que se refiere a los tesalonicenses. También marca cualquier sinónimo que se refiera a ellos, como *amados* o *hermanos*. (Tal vez quieras utilizar el mismo color que utilizas para marcar a los destinatarios de cada epístola que estudias del Nuevo Testamento. Nosotros utilizamos el anaranjado).

Ahora, escribe en tu cuaderno un encabezado que diga DESTINATARIOS. Asegúrate de dejar una o dos páginas de espacio en blanco para ir escribiendo sobre este tema a lo largo de tu estudio. Repasa cada referencia que marcaste y escribe lo que aprendes solo de estos siete versículos. (Tal vez no quieras marcar a los destinatarios en tu Biblia, lo que estará bien. Si este es el caso, simplemente agrega tus observaciones al espacio que dejaste en blanco, cada vez que encuentres una referencia a los mismos). Al ir recopilando información sobre los destinatarios, será de gran ayuda anotar el capítulo y el versículo de donde obtengas una observación. Hasta aquí, tu lista de observaciones debe parecerse a esta:

DESTINATARIOS

1. Gracia y paz a ellos (1:1)
2. Pablo, Silvano y Timoteo agradecen siempre a Dios por ellos y los mencionan en sus oraciones (1:2)
3. Ellos (P-S-T) recuerdan:
   su obra de fe
   su trabajo en amor
   su firmeza en su esperanza en el Señor Jesucristo (1:3)

Ésta práctica puede parecer un poco tediosa, pero te permite ver y aprender más de lo que lo harías al simplemente leer el texto. Escribir tus observaciones y luego meditar en lo que has escrito es una gran herramienta en el aprendizaje. También si lees en voz alta lo que escribes, te ayudará a recordar y retener los hechos que estas anotando con más exactitud.

SEGUNDO DÍA

Ayer, al recopilar tus observaciones sobre los Tesalonicenses, pudiste ver que ellos "recibieron la palabra en medio de mucha tribulación." Para ayudarte a comprender de una mejor forma lo que esta frase quiere decir, invertiremos los siguientes días en el libro de Hechos.

Pablo conoció a los tesalonicenses en su segundo viaje misionero. El relato de este viaje inicia en Hechos 15:36. A pesar de que la llegada de Pablo a Tesalónica no está registrada hasta Hechos 17:1, lee Hechos 15:35-16:40 para poder tener un panorama completo. Al ir leyendo, haz dos cosas:

1. Traza en el mapa de la página 42 el segundo viaje misionero de Pablo.

2. Nota cuándo y cómo Silvano (Silas) y Timoteo se unen a Pablo en este viaje. Anota tus observaciones en tu cuaderno, junto con cualquier información adicional que hayas visto en el texto relacionado con cualquiera de estos hombres.

TERCER DÍA

Continúa leyendo el segundo viaje misionero de Pablo en Hechos 17:1-15. Luego lee Hechos 18:1-11. Al ir leyendo haz lo siguiente:

1. Marca toda referencia de tiempo de una manera distintiva. (Tal vez quieras utilizar un círculo como te fue sugerido en "Cómo Iniciar").

2. Continúa trazando el viaje de Pablo en el mapa de la página 42.

3. Nota cuándo Silas (Silvano) y Timoteo se separan de Pablo.

4. Nota cuándo y dónde Silas y Timoteo se reúnen con Pablo.

CUARTO DÍA

Al empezar hoy, haz un espacio en tu cuaderno para escribir el siguiente encabezado PABLO, SILAS y TIMOTEO EN TESALÓNICA.

Lee de nuevo Hechos 17:1-15; 18:1-11. Anota todo lo que aprendiste del tiempo que estos hombres pasaron en Tesalónica. Deja espacio suficiente para ir escribiendo en esta lista a lo largo de tu estudio. Asegúrate de escribir cuánto tiempo se quedaron, a quiénes llegaron, qué sucedió como resultado, cómo fue que partieron de Tesalónica, a dónde fueron después, qué sucedió una vez que llegaron a su siguiente localidad, cuándo se separaron, cuándo y dónde se reunieron y cuánto tiempo ellos... o específicamente Pablo... se quedaron.

QUINTO DÍA

Lee 1 Tesalonicenses y marca en este capítulo las referencias a los Tesalonicenses. Agrega lo que aprendiste a la lista que iniciaste el Primer Día.

Ahora, repasa tu lista acerca de los Tesalonicenses y medita sobre lo que has aprendido durante este estudio de tres días sobre la primera parte del segundo viaje misionero de Pablo. ¿Cómo encaja lo que aprendiste de Hechos con las palabras de Pablo a los tesalonicenses en 1 Tesalonicenses 1? En tu cuaderno, escribe cómo explica el pasaje de Hechos 17 lo que está escrito en 1 Tesalonicenses 1:6, refiriéndose a cómo recibieron la palabra. También, observa el mapa de la página 42 y nota dónde fue que se regaron las noticias de su conversión y por qué.

Por cierto, el tercer viaje misionero de Pablo inicia en Hechos 18:23. Observa el cuadro, SECUENCIA DE LOS EVENTOS DE LA VIDA DE PABLO DESPUÉS DE SU COVERSIÓN que se encuentra en las páginas 30-31. Nota cuándo fueron escritos 1 y 2 de Tesalonicenses. Se cree que Pablo escribió estas epístolas (cartas) desde Corinto.

SEXTO DÍA

Antes de que continúes, agrega las siguientes palabras clave a tu separador de páginas y márcalas de la misma forma que las marcarás en tu Biblia.

evangelio (Marca cualquier sinónimo que haga referencia al evangelio).

fe (También marca creer (creyente)[8], si se refiere a creer en Dios o en el evangelio. La traducción del griego* para la palabra fe es el sustantivo *pistis*, mientras que el verbo para creer es *pisteuo*).

amor

esperanza

Espíritu Santo

También marca las referencias para *Dios el Padre* y *Jesucristo*. (Nota especial: Ya que pueden haber muchas referencias para Dios, Jesús y Espíritu Santo, el marcar todas las referencias puede ser muy extenso. Por lo tanto, marca solo las referencias a Dios y Jesús que te podrán ayudar a recordar o ver algo importante acerca del Padre o del Hijo. Por ejemplo, marca cualquier referencia que revele una parte distintiva de Su carácter, Sus caminos o Su voluntad. Sin embargo, es sabio siempre marcar todas las referencias al Espíritu Santo ya que existe tanta enseñanza errónea sobre el Espíritu. El marcar las referencias al Espíritu ayuda a ver todo lo que las Escrituras enseñan sobre Él), Buscarás las palabras en tu separador de páginas a lo largo del estudio de 1 tesalonicenses.

Hoy, retrocede y lee el capítulo 1 de nuevo y marca éstas y cualquier otra palabra clave anotada en tu separador de páginas que hayas escrito anteriormente. También asegúrate de buscar cualquier nueva observación que se dé sobre los tesalonicenses y anótalo en tu lista, junto con el capítulo y el versículo donde se encuentra.

---

* De vez en cuando estaremos viendo la definición de una palabra en el griego. Ya que el Nuevo Testamento fue escrito originalmente en griego coiné, a veces es necesario regresar al griego para ver el significado original de la palabra. Siempre utilizaremos la traducción al español de la palabra griega, usando los equivalentes de las letras griegas. Existen muchas herramientas de estudio para ayudarte si deseas hacer este tipo de estudio. Un libro excelente que te puede ayudar a comprender a cómo hacer un estudio más profundo es *Cómo Estudiar Tu Biblia* de Ministerios Precepto Internacional.

Cronología de Eventos en la Vida de Pablo Después de Su Conversión*

Hay diferentes opiniones sobre estas fechas. Este cuadro servirá como referencia para las fechas relacionadas con la vida de Pablo.

Cita	Año d.C.	Evento
Hechos 9:1-25	33-34	Conversión, permanencia en Damasco
	35-47	Algunos años de silencio, sólo sabemos que Pablo:
Gál. 1:17		1. Pasó tiempo en Arabia y Damasco ⎤ 3 años
Hechos 9:26; Gál.1:18		2. Hizo su primera visita a Jerusalén ⎦
Hechos 9:30-11:26; Gál.1:21		3. Fue a Tarso, área de Siria-Cilicia
Hechos 11:26		4. Estuvo con Bernabé en Antioquía
Hechos 11:30		5. Con Bernabé llevó ayuda a los hermanos de Judea e hizo su segunda visita a Jerusalén
Hechos 12:23	44	Muere Herodes Agripa
Hechos 12:25		Regresó a Antioquia; fue enviado con Bernabé por la iglesia de Antioquia
Hechos 13:4-14:26	47-48	**Primer viaje misionero:** *Escribe Gálatas(?)*
		El procónsul Sergio Paulos en Patmos se puede fechar
Hechos 15:1-35	49	Concilio Apostólico de Jerusalén - Pablo visita Jerusalén (comparar Hechos 15 con Gálatas 2:1)
Hechos 15:36-18:22	49-51	**Segundo viaje misionero:** *Escribe 1 y 2 Tesalonicenses* - Estuvo año y medio en Corinto, Hechos 18:11
	51-52	Se sabe que Galio era procónsul en Corinto

14 años, Gálatas 2:1

Cronología de Eventos en la Vida de Pablo Después de Su Conversión*

*Hay diferentes opiniones sobre estas fechas. Este cuadro servirá como referencia para las fechas relacionadas con la vida de Pablo.

Cita	Año d.C.	Evento
Hechos 18:23-21:17	52-56	**Tercer viaje misionero:** *Escribe 1 y 2 Corintios y Romanos*, probablemente desde Éfeso
Hechos 21:18-23	56	Pablo va a Jerusalén y es arrestado; detenido en Cesarea.
Hechos 24-26	57-59	Comparecencias ante Félix y Drusila; ante Festo; apela al César, ante Agripa - se puede fechar
Hechos 27-28:15	59-60	Llevado desde Cesarea hasta Roma
Hechos 28:16-31	60-62	Primer encarcelamiento en Roma. *Escribe Efesios, Filemón, Colosenses y Filipenses - 2 años en prisión*
	62	Pablo es puesto en libertad; posible viaje a España
	62	Pablo en Macedonia: *Escribe I Timoteo*
	62	Pablo va a Creta: *Escribe Tito*
	63-64	Pablo llevado a Roma y encarcelado allí: *Escribe 2 Timoteo*
	64	Pablo está ausente del cuerpo y presente con el Señor *(Otros sitúan la conversión de Pablo alrededor de año 35 d.C., y su muerte en 68 d.C.)*

Al leer el capítulo 1, deberás ver algunas listas sencillas. Hay una lista de tres cosas en el versículo 3 que no querrás perderte y otra lista es dada en el versículo 5 dónde se nos dice cómo vino el evangelio. Puedes hacer listas sencillas en el texto de tu Biblia como ésta: "teniendo presente sin cesar delante de nuestro Dios y Padre① su obra de fe,② su trabajo de amor y③ la firmeza de su esperanza en nuestro Señor Jesucristo."

SÉPTIMO DÍA

Guarda en tu corazón: 1 Tesalonicenses 1:5.
Lee y discute: 1 Tesalonicenses 1:1-10; Hechos 15:36-16:40: 17:1-15.

Preguntas para la Discusión o Estudio Individual

∞ ¿Puedes repetir de memoria 1 Tesalonicenses 1:5? Nota quién es el que está hablando y a quién.

Según 1 Tesalonicenses 1:5, ¿cómo vino el evangelio? Si te encuentras en un aula de clase, escribe en una pizarra las cinco enumeraciones que se mencionan en el versículo, mientras alguien lo lee simultáneamente:

El Evangelio vino en:
1.
2.
3.
4.
5.

∞ Piensa en los versículos que siguen de 1 Tesalonicenses 1 y observa qué sucede como resultado del versículo 5.

∾ Repasa los pasajes de Hechos escritos debajo de "Lee y discute." ¿Qué observas en estos versículos que afirman lo que está escrito en 1 Tesalonicenses 1:5 y la forma en que el evangelio vino a los tesalonicenses? Según lo que estudiaste en Hechos, ¿qué observas en las vidas de Pablo, Silas y Timoteo que puedan apoyar esto?

∾ Lee 1 Tesalonicenses 1:6-8 y anota las palabras "imitadores" (versículo 6) y "ejemplo" (versículo 7).

Si te encuentras en un aula de clase y si el tiempo lo permite, pídele a varios miembros de la clase que compartan las observaciones que escribieron acerca de los tesalonicenses en el capítulo 1. Mientras cada persona comparte, pregunta a la clase cómo lo que está siendo leído es un ejemplo para ellos en la actualidad y si es digno de ser imitado. Si la clase decide que es un ejemplo a seguir, pregunta cómo podría esta observación ser puesta en práctica.

∾ ¿Qué sucedió en tu vida durante esta semana al ir estudiando?

Pensamiento para la Semana

Desde que respondiste al evangelio de Jesucristo, ¿ha cambiado tu vida de tal forma que es un ejemplo para otros? ¿Está siendo la Palabra de Dios un reflejo en tu vida hacia otras personas a donde quiera que vayas? ¿Estás viviendo tu vida de tal forma que otros pueden ver que sirves al Dios viviente y verdadero? O, ¿aún no has destruido los "ídolos" que una vez serviste?

Recuerda, ningún hombre, mujer, joven o niño pueden servir a dos amos al mismo tiempo. Jesucristo es Dios y solo Él debe ser servido… sin importar la tribulación, sin importar el sufrimiento, sin importar la aflicción. Dios no compartirá Su gloria con nadie más, ni tampoco tolerará una obediencia de corazón a medias. Él debe ser amado y servido con todo el corazón, alma, mente, fuerza y cuerpo.

El Hijo de Dios vendrá otra vez. Y cuando Él venga, Su recompensa está con Él para recompensar a cada uno según sea su obra (Apocalipsis 22:12). Tus obras son la manifestación de lo que verdaderamente crees. Nunca olvides eso. No te dejes engañar. Él "se dio a si mismo por nosotros, para redimirnos de toda iniquidad y purificar para si un pueblo para posesión Suya, celoso de buenas obras" (Tito 2:14). "Sirve al Dios vivo y verdadero" y "espera de los cielos a Su Hijo, al cual resucitó de entre los muertos, es decir, a Jesús, quien nos libra de la ira venidera" (1 Tesalonicenses 1:9-10).

¿CÓMO COMPARTIR EL EVANGELIO DE UNA MANERA EJEMPLAR?

∽∾∽∾

Si otros tuvieran que imitar tu vida, ¿sería el resultado para su bien y para la gloria de Dios?

∽∾

PRIMER DÍA

Lee 1 Tesalonicenses 2. Al leer, asegúrate de observar en qué se enfoca éste capítulo. Probablemente te ayudará a ver el enfoque, si marcas cada referencia a "estas" personas, del mismo color. Cuando termines, anota y completa la siguiente oración en tu cuaderno: "El enfoque principal de éste capítulo es _____." Luego escribe por qué crees que el enfoque del capítulo está en esas personas. ¿Por qué crees que el autor está escribiendo este capítulo? Explica tu respuesta al ir escribiendo cada observación.

∽∾

SEGUNDO DÍA

Lee de nuevo 1 Tesalonicenses y agrega a tu lista todo lo que aprendes en este capítulo acerca del trío, Pablo, Silvano (Silas) y Timoteo. Al ir escribiendo tus observaciones, anota lo que aprendes de cada observación que escribas. Interroga el texto utilizando las seis preguntas básicas. Observa a quiénes le comparten el evangelio, en qué forma lo hacen, cómo se comportan, por qué hablaron y se comportaron de la forma en que lo hicieron, qué era lo que *no* estaban buscando y cuál era la meta que tenían para aquellos que escuchaban. También al ir leyendo, anota en forma de lista cómo el leer Hechos 16- 17 te coloca en contexto con lo que se dijo en 1 Tesalonicenses 2:1,2.

Cuando termines tu lista, haz una pausa y medita en lo que has observado. ¿Cómo te asemejas al ejemplo de Pablo, Silvano y Timoteo?

TERCER DÍA

Lee 1 Tesalonicenses 2 y marca cualquier palabra clave de tu lista en tu separador de páginas. Luego agrega cualquier nueva observación que tengas en este capítulo acerca de los destinatarios, los tesalonicenses.

El día de mañana estudiaremos más profundamente sobre el evangelio.

CUARTO DÍA

Hoy realiza una lista en tu cuaderno con el encabezado EL EVANGELIO. Deja el espacio adecuado para agregar cualquier dato al continuar tu estudio, luego escribe todo lo que los capítulos 1 y 2 tienen que decir sobre el evangelio. Regresa a cada lugar donde hayas marcado la palabra *evangelio*. Escribe todas las observaciones que hayas obtenido al realizar este repaso. A pesar de que la palabra evangelio no fue específicamente utilizada en 1 Tesalonicenses 2:13, no dejes de ver lo que éste versículo tiene que decir acerca del evangelio.

QUINTO DÍA

El apóstol Pablo da una clara definición del evangelio en su primera epístola a los Corintios. Lee 1 Corintios 15:1-11 y marca la palabra *evangelio* de la misma forma en que la estás marcando en 1 Tesalonicenses. No olvides marcar sus sinónimos y pronombres al ir leyendo. Puedes también subrayar la frase repetida, *conforme a las Escrituras*[9]. Agrega a tu lista sobre el evangelio cualquier nueva observación que hayas obtenido de 1 Corintios.

Según 1 Corintios 15:1-8, ¿cuáles son los puntos principales que no quisieras olvidar al compartir el evangelio con otra persona? Asegúrate de escribirlo en tu cuaderno.

SEXTO DÍA

Compara lo que observaste ayer sobre el evangelio en 1 Corintios 15 con lo que dice Pablo en Romanos 1:16 y 10:8-15. Al leer estos pasajes, busca las palabras *salvación* y *salvo*. En tu cuaderno, escribe tus observaciones sobre Romanos 1:16 y 10:8-15 debajo de tu lista sobre el evangelio. De estos versículos, escribe en tu lista quiénes son salvos, cómo lo son, qué es necesario creer y qué es necesario confesar. También nota qué sucede cuando crees y confiesas.

Al discutir el evangelio, también es bueno considerar de lo que has sido salvado al creer. Por lo tanto, busca los siguientes versículos, anótalos en tu cuaderno debajo del encabezado de evangelio y a la par de cada referencia escribe ya sea el versículo completo o la esencia del mismo, lo cual demuestra de qué se salva una persona al creer.

1. Romanos 6:23
2. Juan 3:16
3. Colosenses 1:13,14

SÉPTIMO DÍA

Guarda en tu corazón: 1 Tesalonicenses 2:3,4
Lee y discute: 1 Tesalonicenses 2:1-13.

PREGUNTAS PARA LA DISCUSIÓN O ESTUDIO INDIVIDUAL

∾ ¿Quién es el enfoque principal en 1 Tesalonicenses 2? ¿De quién hablan más los autores en éste capítulo? ¿Por qué crees que se habla de estos individuos?

∾ ¿Qué aprendiste en este capítulo de cómo el evangelio era llevado por Pablo, Silvano y Timoteo a los Tesalonicenses?

- Nota las circunstancias en que el evangelio era compartido. Compáralas con tus observaciones del estudio de Hechos de la semana pasada.

- Nota las motivaciones y la integridad de aquellos que compartían el evangelio. ¿Cuál fue el precio que tuvieron que pagar por compartirlo?

- También observa cómo Pablo utiliza la ilustración de una madre y luego la de un padre.

- ¿Qué aprendes en estos versículos del comportamiento esperado de las madres y de los padres?

- ¿Cuál era la meta que tenían Pablo, Timoteo y Silvano con los Tesalonicenses?

Discute todas estas preguntas y luego compara tus observaciones con la forma en qué hoy en día es compartido el evangelio por las personas y por las iglesias, ya sea por televisión o por radio. ¿Cuáles son algunas cosas que debes buscar con relación a apoyar a aquellos que dicen estar compartiendo el evangelio? ¿Ofrece este capítulo algo al respecto?

⚭ Pablo escribe que la exhortación del evangelio que ellos tres impartían no venía por error, impureza o con engaño. Él asegura a quienes escribe, que ellos llevaron lo que se les había encomendado. Entonces, ¿qué es el evangelio? Si fueras a compartir el evangelio con alguien, ¿qué le compartirías? ¿Qué verdades debes impartirle? ¿Qué descubriste en tu estudio de 1 Corintios 15:1-11? Haz una lista de los puntos mencionados acerca del evangelio.

Si te encuentras en un aula de clase y si tienes el tiempo, pídele a varios de la clase que compartan sobre la última vez que compartieron el evangelio con alguien – lo que ellos dijeron y cómo presentaron el evangelio.

⚭ Repasa lo que aprendiste sobre la salvación en Romanos 6:23; Juan 3:16 y Colosenses 1:13,14.

⚭ Finalmente, ¿qué aprendiste durante esta semana que realmente haya hablado a tu corazón?

Pensamiento para la Semana

Cuando Pablo, Silvano y Timoteo llevaron el evangelio a los de Tesalónica, lo hicieron de tal forma que los nuevos convertidos de allí primero se convirtieron en imitadores de ellos. Luego al ir creciendo en su relación con el Señor Jesucristo, ellos se convirtieron en imitadores de Jesús, que es como debe ser.

Al imitar a Pablo, Silvano y Timoteo y luego al Señor, sus vidas fueron transformadas de tal forma, que los tesalonicenses creyentes fueron un ejemplo a todos los creyentes de Macedonia y Acaya – inclusive lugares más lejanos.

Cuando llevas el evangelio a otros, ¿qué es lo que tu vida está modelando? ¿Está siendo tu mensaje claro, bíblico, libre de motivaciones que van más allá, puro en su propósito y contenido? ¿Estás compartiendo el evangelio en un estilo de vida que ganará la aprobación de Dios? ¿Eres gentil como una madre amorosa, cuidando a aquellos que se te han sido dados como ella cuidaría a su propio hijo? ¿Estás exhortando, motivando, implorando a los perdidos y a los nuevos creyentes como un padre lo haría con sus propios hijos? ¿Qué tipo de examen estás pasando a aquellos que llegan a conocer a Cristo por ti? ¿Estás compartiendo el evangelio con otros?

¿Cómo te ha hablado Dios durante esta semana? ¿Qué debes hacer para responder en obediencia? Lo que sea que debas hacer, hazlo para que puedas decir como Pablo "no fui desobediente a la visión celestial" (Hechos 26:19).

¿QUÉ LUGAR OCUPA EL SUFRIMIENTO EN LA VIDA DE UN HIJO DE DIOS?

¿Te encuentras batallando con la tentación? ¡No cedas! Hay mucho más en juego de lo que te imaginas.

PRIMER DÍA

Lee 1 Tesalonicenses 2:14-3:13 y anota el hilo de pensamiento. Asegúrate de ver cómo se enlaza el capítulo 3 con el 2. Observa la preocupación de Pablo, Timoteo y Silvano por los Tesalonicenses. Al ir leyendo, también subraya toda referencia a Timoteo. Ten en mente el ambiente histórico que obtuviste al leer Hechos 17.

Observa el mapa que se encuentra en la página 42 sobre EL SEGUNDO VIAJE MISIONERO DE PABLO y mira dónde se quedó Pablo después de salir de Tesalónica y antes de su llegada a Corinto. Traza su viaje en el mapa de la página 42. Lee 1 Tesalonicenses 3:1,2 para ver los lugares en donde Pablo y Silas se habían quedado. Este ejercicio te dará una perspectiva cronológica de cuándo Timoteo fue enviado de regreso a Tesalónica. Cuando termines de leer, escribe en tu cuaderno los eventos en el orden que sucedieron en 1 Tesalonicenses 2:14-3:11.

Segundo Viaje Misionero de Pablo

Mar Negro

REINO DE POLEMÓN

CAPADOCIA

Antioquia (de Siria)
Seleucia
SIRIA
FENICIA
Damasco
Sidón

GALACIA

CILICIA
Tarso
Salamina
CHIPRE
Pafos
Cesarea
Samaria
Jerusalén

BITINIA Y PONTO
(TURQUÍA)

LUCAONIA
Iconio
Antioquia (de Pisidia)
Listra
Derbe
PANFILIA
Perge
Atalia
PISIDIA

ASIA MENOR
FRIGIA
Colosas
Éfeso
LICIA
RODAS

MISIA
Tiatira
Troas

EGIPTO

TRACIA
Neápolis
SAMOS
PATMOS
Mar Egeo

Mar Mediterráneo (Mar Grande)

Filipos
Anfípolis
Samotracia
Atenas
CRETA
Lasea
Buenos Puertos

MACEDONIA
Apolonia
Tesalónica
Berea
Corinto
Cencrea
GRECIA
ACAYA

Cirene
LIBIA

ILÍRICO

Mar Adriático

ITALIA
Roma

SICILIA

MALTA

Gran Sirte

ARABIA

SEGUNDO DÍA

Lee 1 Tesalonicenses 3 y marca toda referencia a los tesalonicenses. Anota en tu cuaderno lo que aprendes en el capítulo 3 acerca de los tesalonicenses. Asegúrate de anotar lo que la continuidad de su fe significará para Pablo, Silvano y Timoteo.

¿Quién te llevó a Cristo? ¿Quién te nutrió en tu fe? ¿Has sido tentado a escapar, darte por vencido o dejarlo todo? ¿Qué crees que significa tu fe para aquel o aquellos que te llevaron a Cristo?

¿Qué has aprendido durante el estudio de esta semana que puedas aplicar a tu propia vida? Escribe tus observaciones en el cuaderno. También escribe cómo Dios te ha hablado y escribe tus intenciones. El escribir es un buen ejercicio mental y lo que es cimentado en tu mente servirá como un recordatorio en los días que vengan.

TERCER DÍA

Lee de nuevo 1 Tesalonicenses 3 y marca cualquier palabra clave de tu separador de páginas.

Ahora anota en tu cuaderno una lista de lo has aprendido en los tres primeros capítulos al marcar *aflicción (es)* y *sufrimiento*. Al ir haciendo la lista, piensa en esta pregunta: ¿Fue el sufrimiento experimentado solamente por los de Tesalónica?

Lee otra vez 1 Tesalonicenses 2:14-16. Nota de dónde proviene el sufrimiento de los otros mencionados en este pasaje y cómo su sufrimiento se compara con el sufrimiento de los autores y de los tesalonicenses.

Busca Filipenses 1:27-30 y 2 Timoteo 3:12 y observa lo que estos pasajes enseñan con respecto al sufrimiento. Ambas referencias fueron escritas por Pablo. Escribe tus observaciones en el cuaderno, debajo de la lista de sufrimiento.

∽∩∾

CUARTO DÍA

Lee de nuevo 1 Tesalonicenses 1-3, notando donde marcaste toda referencia a *fe* y *creen*. Luego a manera de repaso, escribe en tu cuaderno lo que aprendes marcando estas palabras.

Talvez ya observaste lo siguiente, pero en caso no lo hayas hecho, déjame preguntarte: según 1 Tesalonicenses 2:13, ¿qué hace la Palabra de Dios en las vidas de aquellos que creen? De todo lo que has estudiado del texto, ¿crees que este "trabajo" puede ser visto o notado de alguna forma? Anota las observaciones que tengas en tu cuaderno. El proceso en sí de escribir tus pensamientos te ayudará a cristalizarlos y organizarlos.

Ahora, lee 1 Corintios 15:1,2 y nota cómo se compara lo que Pablo dice en estos versículos con su preocupación por los creyentes tesalonicenses para que rápidamente se afirmen en su fe al estar enfrentando la aflicción.

Finalmente, lee 1 Juan 2:18,19. ¿Qué te revelan estos versículos acerca de aquellos que no continúan en su fe, sino se alejan y salen del grupo de creyentes? Anota en tu cuaderno las observaciones que tengas.

∽∩∾

QUINTO DÍA

Lee otra vez 1 Tesalonicenses 2:17-3:13. Ésta vez marca toda referencia a *Satanás*, junto con sus sinónimos (por ejemplo, *tentador*). Puedes marcar las referencias al diablo y sus demonios con un tridente de color rojo cómo éste: **Satanás**. Éste símbolo hará que encuentres con más facilidad las referencias.

Ahora haz una lista en tu cuaderno con el encabezado SATANÁS y anota todo lo que aprendes acerca de él, el tentador, en este pasaje.

Ahora bien, ¿crees que existe alguna asociación entre Satanás, las aflicciones de los tesalonicenses y la preocupación de Pablo, Silvano y Timoteo con relación a su fe? Escribe en tu cuaderno la respuesta a esta pregunta y tu razonamiento con relación a esto mismo.

SEXTO DÍA

Hoy daremos una mirada más profunda a otros versículos que hablan acerca de Satanás. Pasa a los siguientes versículos y escribe en tu cuaderno lo que vayas aprendiendo.

1. La primera mención al diablo se encuentra en Génesis 3:1-5 dónde se le refiere como la serpiente. Sin embargo, Apocalipsis 12:9 y 20:2 claramente demuestra que la serpiente y el diablo (o Satanás) son uno mismo. Lee Génesis 3:1-5 y escribe en tu lista lo que aprendes de Satanás en estos versículos.

2. Nota la actitud de la serpiente hacia lo que Dios había dicho, sus sutiles acusaciones hacia Dios y cómo él tienta a la mujer para que actúe de cierta manera. (La consecuencia de la desobediencia de Adán y Eva fue la muerte. Compara esto con Romanos 5:12).

3. Juan 8:44 (Nota a quién le está hablando Jesús).

4. Lucas 22:31,32

SÉPTIMO DÍA

Guarda en tu corazón: 1 Tesalonicenses 3:3,4.
Lee y discute: 1 Tesalonicenses 2:17-3:10.

Preguntas para la Discusión o Estudio Individual

❧ Sigue el curso de eventos mencionados en 1 Tesalonicenses 2:14-3:10, notando quién fue a qué destino y por qué. Incluye lo que Pablo, Silvano y Timoteo están anticipando desde 3:10,11.

❧ ¿Qué aprendes del estudio hecho en los tres primeros capítulos de 1 Tesalonicenses sobre las aflicciones y los cristianos?

a. ¿Quién va a sufrir aflicción? Al responder esta pregunta, también considera los otros versículos que buscaste en Filipenses y 2 Timoteo.

b. ¿Quién está detrás de la aflicción?

c. ¿Qué tipo de aflicción sufrieron Pablo, Silvano y Timoteo? ¿De dónde vino?

d. ¿Qué tipo de aflicción sufrieron los tesalonicenses? En 1 Tesalonicenses 2:14,15, ¿quién también había pasado sufrimiento similar?

e. ¿Qué aprendes de esas personas que pasan este tipo de sufrimiento?

f. ¿Cuál era la preocupación de Pablo, Silvano y Timoteo con respecto a los tesalonicenses, su sufrimiento y su fe?

g. ¿Les habían ellos enseñado algo con respecto al sufrimiento? Si fue así, ¿qué les enseñaron? Busca Hechos 17:2 y anota por cuánto tiempo estuvo Pablo en Tesalónica.

h. De los versículos que estudiaste esta semana, ¿crees que los tesalonicenses permanecieron firmes al enfrentar aflicción? ¿Qué crees con respecto a su genuina conversión? Apoya tu respuesta con las Escrituras.

∾ ¿Qué aprendiste esta semana acerca de Satanás, sus títulos y sus tácticas? Repasa lo que escribiste en tu cuaderno.

∾ Finalmente, ¿qué fue lo más importante que estudiaste, aprendiste o reafirmaste durante esta semana?

PENSAMIENTO PARA LA SEMANA

Si vives una vida de fe genuina, puedes saber con seguridad que de alguna forma o manera, sufrirás aflicción. Ningún creyente está garantizado de que no sufrirá. Es una confirmación de lo genuino de tu fe.

Pablo, Silvano y Timoteo estaban ansiosos por el bienestar de los tesalonicenses. Su tranquilidad vino cuando Timoteo regresó a Pablo y Silvano, llevando las buenas noticias de la fe y el amor de sus tesalonicenses convertidos y descansando en el hecho de que los tesalonicenses pensaron amablemente de ellos. Su labor no había sido en vano. El tentador no se había salido con la suya. ¡Los tesalonicenses habían pasado la prueba!

La buena noticia de que los tesalonicenses y su fe le dio a Pablo, Silvano y Timoteo la seguridad de que los creyentes en Tesalónica serían su esperanza, su regocijo y su corona de gozo porque estarían presentes con ellos en la misma presencia del Señor Jesucristo en Su venida. Pablo, Silvano y Timoteo realmente se sintieron motivados y gozosos porque los tesalonicenses estaban firmes en el Señor.

Claro que sí, todavía existía espacio de crecimiento en su fe, pero Pablo, Silvano y Timoteo completarían "su fe" cuando regresaran a ellos una vez más. Había aún espacio en los tesalonicenses para incrementar su amor por otros, como es verdad en todo hombre, pero estaban en el camino. La labor de los tres embajadores de Dios no había sido en vano. ¡Qué gran regocijo les trajo esto!

¿Qué acerca de ti? ¿Qué haces cuando estás siendo tentado a darte la vuelta, a rendirte o salir huyendo a causa de la presión? ¿La aflicción? ¿El costo de la obediencia? ¿Haces una pausa y piensas en aquellos que te presentaron a Cristo? ¿En aquellos que te nutrieron en la fe?

¿Qué causaría tu infidelidad en ellos y en aquellos que conocen tu testimonio? ¿Qué reproche traerías al nombre de nuestro precioso Señor Jesucristo?

¿Será que un momento de aceptación pasajera del mundo, la facilidad, el regocijo y el placer temporal valen la pena? ¡No, nunca podría serlo! La eternidad es un tiempo muy largo.

Cuando somos tentados… cuando estamos cansados de la batalla… cuando el tentador nos susurra en el oído, debemos recordar a aquellos que nos llevaron a Cristo, a aquellos que nos nutrieron en la fe. Debemos pensar cómo nuestra infidelidad afectará a otros. Luego, al haber pensado claramente, escogeremos pagar el precio al más alto llamado en Cristo.

¡Corre! La meta final está justo adelante. ¡Jesús viene pronto!

PUREZA SEXUAL – ¿QUÉ TAN IMPORTANTE ES?

¿Estás teniendo problemas con la pureza? ¿Pureza de mente? ¿Pureza de cuerpo? ¿Crees que "seguramente Dios lo comprende"? Claro que sí, Él lo comprende. Sin embargo, a pesar de que Él lo comprende, Él no tolerará la inmoralidad porque Él nos ha dado la salida para huir de tal tentación.

PRIMER DÍA

Hoy pasa a la página 67 donde se encuentra el cuadro PANORAMA GENERAL DE 1 TESALONICENSES y dale una mirada. Una vez que el cuadro de un libro sea completado, proveerá un panorama completo y pertinente para el libro de la Biblia que se esté estudiando. En un vistazo, eres capaz de discernir puntos vitales de información: quién escribió el libro, a quiénes le fue escrito, el propósito y el tema del libro, qué material está siendo cubierto en el libro y cómo el material está siendo expuesto capítulo por capítulo y segmento por segmento. El cuadro completo es una herramienta de referencia instantánea para futura información y para discipular a otros. Es por eso que la *Biblia de Estudio Inductivo* es tan conveniente. Por lo tanto, completa el cuadro que se encuentra en la *BEI* tanto como el de este libro.

Después de cuatro semanas de estudio y una observación completa de los primeros tres capítulos de Tesalonicenses, es tiempo de completar el segmento del cuadro de PANORAMA GENERAL DE 1 TESALONICENSES. Antes de que sigas adelante, hablemos un momento sobre los temas de los capítulos. Para descubrir el tema de un capítulo, determina la idea principal de ese capítulo, observando los puntos que se discuten más frecuentemente en el mismo y anotando qué se enfatiza o qué se repite con más frecuencia. El tema de un capítulo será más fácil de recordar si contiene el siguiente criterio:

1. El tema debe captar la esencia de las ideas o eventos principales cubiertos en el capítulo.

2. El tema debe utilizar las palabras que son utilizadas en el texto del capítulo.

3. Cada tema de un capítulo debe ser distinto a los otros.

4. El tema debe ser lo más corto y conciso posible.

Ahora bien, al seguir estos lineamientos, identifica y completa los temas del 1-3 del cuadro de PANORAMA GENERAL DE 1 TESALONICENSES . También llena cualquier otro segmento que ya seas capaz de completar. Por cierto, una fecha aceptable para 1 Tesalonicenses es el año 51 d.C., así que también puedes agregar esta información en el cuadro.

En este punto, también anota cualquier "LPV" que sea aplicable para ti. Coloca tu "LPV" al margen de tu Biblia, junto al versículo donde la lección es ilustrada. También anota en tu cuaderno cualquier "LPV" que hayas descubierto en los primeros tres capítulos de 1 Tesalonicenses.

SEGUNDO DÍA

Lee 1 Tesalonicenses 3:11- 4:18. Al ir leyendo, notarás un cambio en el contenido y tono de esta carta. (Discutimos esto la Primera Semana). Anota dónde ocurre el cambio y qué sucede en este punto. Esto marca una división de segmento en el libro. Una división de segmento es una división importante en un libro. Es un grupo de versículos o capítulos que tratan del mismo tema, doctrina, persona, lugar o evento.

¿De qué se trata el primer segmento de 1 Tesalonicenses? Anota tus observaciones en tu cuaderno debajo de tus notas sobre el capítulo 4. Si estás cómodo con lo que has visto, escríbelo en tu cuadro de PANORAMA GENERAL DE 1 TESALONICENSES en la división de segmento para los capítulos del 1-3. Coloca una línea entre el capítulo 3 y el 4.

Busca 1 Tesalonicenses 4:1. ¿Qué tema parece que el autor va a tratar desde este punto en adelante? Anota tus observaciones en el cuaderno, pero aún no llenes el segmento del cuadro de PANORAMA GENERAL que se relaciona con este segmento. Serás capaz de completar el cuadro más fácilmente una vez que hayas terminado de leer el capítulo 5.

TERCER DÍA

Lee 1 Tesalonicenses 4:1-12 y marca las palabras clave de tu separador de páginas. Al ir leyendo, pon mucha atención a la transición que hace el autor en estos versículos, de un tema a otro.

Escribe en tu cuaderno el tema que es cubierto en cada párrafo que has leído (4:1-8,9-12,13-18). Cuando termines, observa más de cerca lo que dice en 1 Tesalonicenses 4:1-8. Lee este párrafo una vez más y asegúrate de que marcaste toda referencia a los destinatarios. Por cierto, el verbo *abstengan*[10] en 1 Tesalonicenses 4:3 está en tiempo presente infinitivo medio. El tiempo presente indica una acción habitual y/o continua. La voz media indica que el sujeto participa en la acción del verbo. Por lo tanto, se instruye a que se abstengan constantemente de inmoralidad sexual y de todo pecado sexual. Debes activamente involucrarte en practicar la abstinencia. Dios te ayudará en tu obediencia.

Ahora agrega a tu lista todo lo que aprendiste marcando las referencias a los tesalonicenses. Luego haz una pausa y medita sobre lo que has observado.

¿Qué has visto en cuanto a la manera en que debes comportarte? ¿Cómo es que el conocimiento de lo que tu comportamiento es, en realidad impactará tu vida? ¿Debes hacer cambios?

Finalmente, ¿cómo vas a vivir a la luz de lo que has visto?

✿

CUARTO DÍA

Nuevamente lee 1 Tesalonicenses 4:1-8. Si no has estado marcando las referencias a Dios, será beneficioso hacerlo con este pasaje en particular ya que ofrece la perspectiva de Dios para los cristianos y su pureza sexual o "santificación". *Santificación, santificado, santo* y *puro,* todas estas palabras vienen de la misma raíz que básicamente significa "estar separado". Cuando te conviertes en un hijo de Dios, te conviertes en santo a los ojos de Dios – uno que ha sido separado para Él y por Él. Así que antes de que sigas con el siguiente paso, lee y marca las referencias a Dios. Luego anota en tu cuaderno todo lo que aprendiste acerca de Dios en este pasaje.

La palabra griega para la traducción al español de la frase *inmoralidad sexual* es *porneia.* También se traduce como *fornicación* y se refiere a lujuria o pecado sexual. El pecado sexual corrompe. Trae consigo suciedad, impureza como lo dice en 1 Tesalonicenses 4:7.

Busca algunos pasajes que te darán algunos puntos de vista adicionales en cuanto a cómo Dios se refiere y trata con la inmoralidad sexual. Lee Levítico 20:7-16,23 (y Levítico

20:17-22 si tienes el tiempo). En tu cuaderno, escribe los tipos de inmoralidad sexual mencionados en este pasaje. ¿Cuáles son las consecuencias de participar en ellos?

También busca Mateo 5:27-32; 1 Corintios 6:9-11, 15-20; y Apocalipsis 21:7,8 y anota en tu cuaderno la enseñanza en estos pasajes relacionados a la inmoralidad sexual.

El Antiguo Testamento contiene muchos otros pasajes referentes a este tema, pero el tiempo no permite el estudio de ellos en este momento. Sin embargo, lo que se nos dice en 1 Tesalonicenses 4:1-8 es suficiente. Solo recuerda lo que Dios dice, "el que rechaza esto no rechaza a un hombre, sino al Dios que les da a ustedes Su Espíritu Santo" (1 Tesalonicenses 4:8).

QUINTO DÍA

Lee 1 Tesalonicenses 4:9-18, marcando las palabras *amor* y *esperanza*.

Ahora escribe en tu cuaderno las instrucciones específicas dadas por los autores a los tesalonicenses en el 4:9-12. Luego medita en estas instrucciones. ¿Cómo están siendo practicadas en tu vida y en tu iglesia?

Ahora lee 1 Tesalonicenses 1-4 y repasa todo uso que se le da a las palabras *amor* y *esperanza*. Revisa el contexto de los usos de las mismas y anota en tu cuaderno lo que 1 Tesalonicenses enseña sobre el amor y la esperanza.

Haz un inventario personal, preguntándote a ti mismo cómo está tu vida en cuanto a este tema.

SEXTO DÍA

Finalmente, llegamos a un pasaje bastante interesante el día de hoy. En muchos círculos teológicos, este pasaje es referido como el al pasaje del "rapto". La palabra *rapto* se deriva del latín y es tomada de la palabra griega *harpagesometha*, que traducida en 1 Tesalonicenses 4:17 quiere decir "arrebatados".

Al leer 1 Tesalonicenses 4:13-18, nota quién está hablando, a quienes les está hablando, qué están describiendo y por qué. Pon atención a las frases del tiempo, tales como *hasta, primero* y *entonces*, que te dirán cuándo sucederán las cosas. Marca estas palabras colocando un círculo pequeño sobre las mismas, ya que te ayudarán a comprender la secuencia de los eventos descritos en este párrafo. También nota dónde se encuentran las personas, dónde terminarán y cuándo y cómo todo esto será logrado.

Por cierto, al estudiar este pasaje, las palabras al *encuentro*[11] (versículo 17) son en el texto griego *eis apantesin* que significan "llegar a la presencia de, encontrarse con."

Escribe tus observaciones en tu cuaderno, respondiendo las seis preguntas básicas. Si tienes el tiempo, haz un dibujo con la enseñanza de este pasaje. Sin embargo, no descuides tu tarea final de esta semana por hacerlo.

Compara 1 Tesalonicenses 4:13-18 con 1 Corintios 15:51-54. Primera Corintios 15:51-54 parece ser un pasaje paralelo que habla sobre los nuevos cuerpos de aquellos que están vivos (no duermen) y aquellos que duermen. Estudia el pasaje y escribe tus observaciones en el cuaderno.

SÉPTIMO DÍA

Guarda en tu corazón: 1 Tesalonicenses 4:3,4 o 4:16,17. (Dependiendo de tu edad y tu necesidad, memoriza cualquiera de los pasajes sugeridos. ¡No tienes que decirle a nadie qué pasaje escogiste! ¡Sin embargo, serás sabio al escoger memorizar ambos pasajes!)

Lee y discute: 1 Tesalonicenses 4:1-8. Cuando termines, cubre 1 Tesalonicenses 4:13-18.

Preguntas para la Discusión o Estudio Individual

∾ ¿Qué instrucciones específicas están siendo dadas en 1 Tesalonicenses 4:1-8? Considera lo que aprendiste acerca de Dios en este capítulo. ¿Hay otras cosas que hayas aprendido acerca de Dios en este estudio, que sea pertinente para el estudio de esta semana?

Si te encuentras en un aula de clase, ve anotando en una pizarra las observaciones compartidas con respecto a esta pregunta.

∾ ¿Qué aprendiste de los pasajes que estudiaste que tratan con el tema de la sexualidad?

a. Levítico 20:7-16,23

b. 1 Corintios 6:9-11,15-20

c. Apocalipsis 21:7,8

d. Mateo 5:27-32

∾ ¿Cómo te pueden ayudar 1 Tesalonicenses 4:1-8 y los otros pasajes que buscaste sobre la inmoralidad sexual en tratar con los asuntos de inmoralidad sexual en la iglesia o en nuestra sociedad?

∾ ¿Qué observaciones obtuviste marcando en 1 Tesalonicenses la palabra *amor*?

∾ Piensa en 1 Tesalonicenses 4:13-18 al cubrir las siguientes seis preguntas básicas.

a. ¿Cuál fue la causa de este tema?

b. ¿Qué puedes discernir del contexto como la razón por la cual se trajo a luz este tema?

c. ¿Qué enseña este pasaje sobre la tristeza y sobre aquellos que no tienen esperanza?

d. ¿Qué aprendiste en 1 Tesalonicenses al marcar *esperanza*? Según el versículo 14, si crees en la resurrección, entonces también debes creer lo que Pablo está por explicar.

e. ¿Quién participará en este evento?

f. ¿Cuándo sucederá este evento?

g. ¿Cuál es la secuencia de eventos?

h. ¿Dónde se llevará a cabo todo lo mencionado?

i. ¿Cómo sucederá?

∽ ¿Qué aprendiste de 1 Corintios 15:51-54? ¿Observas alguna relación entre 1 Tesalonicenses 4:13-18 y 1 Corintios 15:51-54? Si es así, ¿cuál es? ¿Cómo? ¿Te da esperanza este conocimiento? ¿Te conforta saberlo? ¿De qué forma?

Pensamiento para la Semana

A pesar de que la inmoralidad sexual ha estado presente en todas las generaciones, claramente está dicho en 1 Tesalonicenses y en otros pasajes que estudiaste, que un estilo de vida de impureza sexual de cualquier forma – heterosexual, homosexual, incesto, inclusive mental – es inaceptable en la vida cristiana.

Aquellos que enseñan lo contrario, pueden saber que no es la opinión o teología de un hombre la que están rechazando, sino que se han puesto en contra de la clara Palabra de Dios. El querer torcer o racionalizar la Palabra de Dios en este tema de la inmoralidad sexual, es como invocar la venganza de Dios. Y es una invocación que Dios seguramente responderá. Lo ha dejado claro en Su Palabra, que ningún hombre "peque y defraude a su hermano en este asunto, porque el Señor es *el* vengador en todas estas cosas, como también antes les dijimos y advertimos solemnemente" (1 Tesalonicenses 4:6).

Cuando sea que Dios te llame a una vida de obediencia, sabes que Dios siempre te proveerá de un camino para obedecer. Al Dios llamarte a abstenerte de la inmoralidad sexual, manteniendo tu cuerpo en santificación y honor, Él provee las condiciones para tu abstinencia, momento tras momento y tentación tras tentación. Estas condiciones son el poder que está en el regalo de Su Santo Espíritu, que mora en todo creyente. Es por Su Espíritu que Él nos provee con la promesa de victoria sobre los deseos de la carne. La victoria está asegurada si simplemente caminamos por Su Espíritu y permitimos que Su Espíritu tenga el control sobre nuestra carne. (Gálatas 5:16). Si eres un hijo de Dios, debes abstenerte. Ésta es la voluntad de Dios.

ENTERAMENTE SANTIFICADO – CUERPO, ALMA Y ESPÍRITU

¿Estás examinando las cosas cuidadosamente? ¿Haciendo lo que es bueno? ¿Absteniéndote de toda especie de maldad? Nuestro Señor Jesucristo viene pronto. Seguramente querrás ser hallado irreprensible cuando veas a nuestro Señor Jesucristo cara a cara.

PRIMER DÍA

Lee 1 Tesalonicenses 5 para tomar un sentido de cómo termina Pablo su carta. ¿Cuáles son sus preocupaciones finales? En general, ¿de qué se está hablando en este capítulo? Anota tus observaciones en el cuaderno.

SEGUNDO DÍA

Lee de nuevo 1 Tesalonicenses 5:1-11 y marca toda referencia a los tesalonicenses. Al ir leyendo, nota cómo los autores se incluyen en lo que están diciendo a los tesalonicenses. Busca la palabra *nosotros* en conjunto con la palabra *ustedes*.

Agrega las nuevas observaciones que tengas en la lista de tu cuaderno.

59

_∽∩∾_

TERCER DÍA

Ahora lee 1 Tesalonicenses 5:1-11 una tercera vez y marca las palabras clave de tu separador de páginas. Notarás que hay una palabra clave (frase) que no has marcado aún en tu estudio de 1 Tesalonicenses, un nuevo tema que Pablo aún tiene que tocar. Asegúrate de buscar y marcar esta palabra clave y cualquiera de sus sinónimos o pronombres. Ésta frase señala una transición al siguiente tema. ¿Cuál es el tema del que el autor está hablando en estos versículos? Anota todo lo que aprendes en tu cuaderno sobre este evento.

_∽∩∾_

CUARTO DÍA

Cuando lees 1 Tesalonicenses 5:1-11, ¿puedes captar el sentido que Pablo ha enseñado a los tesalonicenses sobre *el día del Señor* (nuestra nueva frase clave) aún antes de haber escrito esta carta? De lo que estudiamos en Hechos 17, sabemos que Pablo pasó por lo menos tres días de reposo en Tesalónica. Ya que la venida del Señor es mencionada en cada capítulo de 1 Tesalonicenses, es obvio que éste es un tema que Pablo les enseñó cuando estuvo con ellos.

Si estos temas fueron escuchados por los nuevos convertidos que estaban sufriendo persecución por su fe en el Señor Jesucristo, quien algún día los levantará de la muerte (como dijo Pablo en 4:13-18), ¿qué tan importante crees que es esta enseñanza para nuestros días?

Antes de que nos enfoquemos en *el día del Señor*, veamos el tema general de la venida del Señor. Será un buen trasfondo para nuestro estudio de 2 Tesalonicenses que realizaremos durante tres semanas. ¡Tampoco querrás perderte este estudio!

Cuidadosamente lee 1 Juan 3:1-3 y escribe estos versículos en tu cuaderno. Luego responde a las siguientes preguntas:

1. ¿De qué esperanza se está discutiendo en estos versículos?
2. ¿Cuándo se realizará esta esperanza?
3. ¿Qué causa en nosotros el tener esta esperanza?

Ahora, al haber ya estudiado 1 Tesalonicenses 4:13-18 y al haber leído sobre *el día del Señor* en el capítulo 5, lee 1 Tesalonicenses de manera completa y observa nuevamente todo lo que puedas sobre las referencias a la venida del Señor que marcaste a lo largo de ésta epístola. Primero, nota el hecho de que la traducción del griego para la palabra *venida* mencionada en 1 Tesalonicenses es *parousia*, que básicamente significa "presencia o llegada; estar presente, llegar a un lugar."

Regresa a cada una de las referencias que marcaste y mira qué puedes aprender de lo siguiente. Al observar cada referencia, escribe tus observaciones en tu cuaderno.

1. ¿Dónde estarán las personas mencionadas?
2. ¿Quién estará con Él?
3. ¿Cómo es que llegan a estar con Él?
4. ¿Cómo serán – cómo será su cuerpo, alma y espíritu?
5. ¿Quién vendrá con Él?

Ahora compara lo que viste en 1 Juan 3:1-3 con lo que acabas de revisar de 1 Tesalonicenses. Si esta esperanza es una esperanza pura, ¿no será por eso que los autores son tan exigentes en pedirles a los tesalonicenses que sean santos, sin ninguna excusa? ¡Claro que sí!

Y lo mismo es para ti. Permanecer en la Palabra de Dios aprender lo que Ella dice y obedecerla, es la forma en que estarás preparado para ese día y así no te sentirás avergonzado cuando Él venga.

QUINTO DÍA

Al leer de nuevo 1 Tesalonicenses 5:1-11, busca el contraste que hace el autor de los tesalonicenses con otro grupo. Nota las palabras *ellos* y *los demás*. Asegúrate de ver el contraste del versículo 4. Marca toda referencia a éste grupo de una manera distintiva y luego anota en tu cuaderno lo que observas en el texto sobre este grupo.

De todo lo que has visto de 1 Tesalonicenses 5:1-11, ¿qué tiene que ver la relación de un creyente con el día del Señor? Escribe la razón para tu respuesta.

Hoy permitiremos que reflexiones esta pregunta. Profundizaremos en el tema a lo largo del breve estudio de 2 Tesalonicenses.

SEXTO DÍA

Lo que resta de 1 Tesalonicenses 5 es básicamente una serie de exhortaciones e instrucciones. Una exhortación es una motivación. Una instrucción es una orden. Lee todo el capítulo 5 y marca cualquier palabra clave de tu separador de palabras.

Aunque el marcar exhortaciones e instrucciones parezca tedioso, encontrarás beneficioso anotarlo en tu cuaderno. Al observar este capítulo, pon atención especial a 1 Tesalonicenses 5:14. Este versículo dice cómo deberás responder a los tres diferentes "tipos" de individuos. El comprender este versículo te dará sabiduría al tratar con las personas. Una vez que hayas escrito las exhortaciones e instrucciones, examina tu propia vida y camina con el Señor a la luz de estas exhortaciones. Talvez quieras escribir "LPV" o una estrella a la par de cualquier exhortación o instrucción que tu creas que debes pedirle al Señor para incorporar a tu vida.

¡Una última lista! Recuerda que marcaste referencias al Espíritu Santo. Así que ahora ve a lo largo del libro de 1 Tesalonicenses y repasa estas referencias al Espíritu y anota en tu cuaderno lo que aprendes acerca del Espíritu Santo.

Escribe los temas de los capítulos 4 y 5 en el cuadro de PANORAMA GENERAL DE 1 TESALONICENSES.

Finalmente, no olvides esa maravillosa declaración de verdad escrita en 1 Tesalonicenses 5:24. Nota el contexto.

ઝ૦૦ઝ

SÉPTIMO DÍA

Guarda en tu corazón: 1 Tesalonicenses 5:15-18.

¡Es necesario conocer y vivir conforme a estos versículos! Si realmente vivimos conforme a ellos, ¿puedes imaginar el impacto que seríamos en una sociedad que vive en contra de estos versículos?

Lee y discute: 1 Tesalonicenses 5:12-28. (Estudiaremos y discutiremos el día del Señor en 2 Tesalonicenses).

PREGUNTAS PARA LA DISCUSIÓN O ESTUDIO INDIVIDUAL

ઝ Repasa las exhortaciones e instrucciones dadas a los tesalonicenses en todo el quinto capítulo. Piensa en cómo deben vivir poniéndolo en práctica día a día en sus vidas. Por tanto, Dios nos dice en el versículo 11 que debemos alentarnos unos a otros y edificarnos el uno al otro. ¿Cómo se está llevando a cabo esto en tu familia, en tu iglesia, en el lugar donde trabajas?

O, ¿cómo estás apreciando a aquellos que trabajan contigo y tienen un enfoque espiritual de los creyentes?

Si te encuentras en un aula de clase, pídele a cada uno de la clase que comparta cuál de las exhortaciones le habló más a cada uno en lo personal y el por qué. Discute cada una de las preguntas anteriores al ir viendo cada exhortación. Si la exhortación de Dios para nosotros de estar siempre gozosos y "den gracias en todo, porque ésta es la voluntad de Dios para ustedes en Cristo Jesús" (1 Tesalonicenses 5:18), trae preguntas sobre si es posible estar gozoso en circunstancias adversas, mira las promesas de Dios que nos aseguran que Él está en control. Será bueno incluir Romanos 8:28-30 en tu discusión. También compara 1 Tesalonicenses 5:18 con Efesios 5:20.

∾ ¿Qué aprendiste acerca del Espíritu Santo en 1 Tesalonicenses? ¿Qué significa apagar al Espíritu Santo? Hay básicamente cinco órdenes en relación al Espíritu Santo:

a. Sé lleno del Espíritu Santo (Efesios 5:18). Nota los versículos 19, 20 en relación a estar llenos. Observa cómo se relaciona el versículo 20 con 1 Tesalonicenses 5:18.

b. Anden por el Espíritu (Gálatas 5:16).

c. Oren en el Espíritu (Efesios 6:18).

d. No entristecer al Espíritu Santo (Efesios 4:30).

e. No apagar el Espíritu Santo (1 Tesalonicenses 5:19).

¿Cómo se relaciona cada orden con tu relación con el Espíritu Santo? (En un aula de clase, asegúrate de que cada persona en la clase se de cuenta que si son verdaderamente hijos de Dios que el Espíritu Santo habita en ellos como se declara en Efesios 1:13,14.)

∾ ¿Qué es lo más importante que has aprendido de tu estudio de 1 Tesalonicenses?

a. ¿Ha sucedido algo en ti personalmente a lo largo de este estudio?

b. ¿Qué verdad ha sido la más dura?

c. ¿Qué has aprendido al estudiar la Biblia?

PENSAMIENTO PARA LA SEMANA

Enteramente santificado – nuestro espíritu, nuestro cuerpo, nuestra alma, todo preservado por completo y sin ninguna excusa para cuando Jesús venga. Es un pensamiento increíble, ¿no lo crees? ¿Crees que esto no podría ser verdadero para ti porque a pesar de que conoces la disposición de tu espíritu, también conoces la debilidad de tu carne?

Dios conoce lo que conoces. Él conoce y completamente comprende la debilidad de tu carne. ¿Acaso Jesús no les dijo a sus discípulos en el Jardín de Getsemaní que estuvieran atentos y que oraran porque el espíritu estaba dispuesto pero que la carne era débil? ¿Cómo lo sabía Jesús? Él también luchó con la voluntad de Dios cuando oró y le pidió al Padre si era posible "aparta de Mí esta copa, pero no se haga Mi voluntad, sino la Tuya" (Lucas 22:42). Tres veces Jesús fue al Padre con la misma petición, la misma oración. Puedes descansar seguro, nuestro Señor comprende la debilidad de nuestra humanidad.

Porque Jesús experimentó la debilidad de la carne por Sí mismo, Él les dijo que estuvieran atentos y que oraran. Y es por esto que Él nos dice a través de Pablo "estén siempre gozosos; oren sin cesar; den gracias en todo, porque ésta es la voluntad de Dios para ustedes en Cristo Jesús" (1 Tesalonicenses 5:16-18).

Si nosotros hacemos nuestra parte… si oímos y obedecemos Su Palabra…si examinamos todo cuidadosamente, haciendo lo que es bueno y absteniéndonos de toda maldad, Él hará Su parte santificándonos completamente. Tenemos Su promesa: "Fiel es Aquél que los llama, el cual también lo hará" (1 Tesalonicenses 5:24).

Panorama General de 1 Tesalonicenses

Tema de 1 Tesalonicenses:

División
por secciones

	Tema de los Capítulos
	1
	2
	3
	4
	5

Autor:

*Transfonto
Histórico:*

Propósito:

Palabras Clave:

SEGUNDA DE TESALONICENSES

INTRODUCCIÓN A
1 TESALONICENSES
ঝ ঝ ঝ ঝ

Los rumores pueden ser destructivos. Pueden desequilibrar nuestra fe, robar nuestra paz y llevarse nuestro gozo...especialmente cuando son rumores que indican un futuro cuestionable e incierto.

Los rumores pueden alejarnos de pensar clara y racionalmente. Pueden hacer que olvidemos verdades que una vez teníamos...verdades que nos sostenían y mantenían firme.

Los rumores pueden destruir nuestra confianza en las verdades que dan estabilidad a nuestra vida y que nos permiten sobrellevar las tormentas y tempestades que vengan. Pueden llevarnos a tomar malas decisiones, a basar nuestras vidas en falsas realidades que dan como resultado temor en lugar de confianza. Pueden mantenernos en un estado tormentoso levantando constantes preguntas relacionadas a nuestra misma supervivencia.

¿Cómo podemos enfrentar los rumores? ¿Cómo podemos sobrevivir a la confusión que crean? El resultado final de los rumores es que podemos desinflarnos y sencillamente darnos por vencidos. Cuando somos dominados por el miedo a los rumores, nos dejamos llevar a la deriva por las olas de las circunstancias que nos lanzan de aquí para allá, en lugar de trazar nuestro rumbo y navegar a través y más allá de la tormenta, a la seguridad de nuestro puerto elegido.

La única forma de manejar y lidiar con los rumores es verificando la verdad por ti mismo. Y una vez la encuentres, debes permanecer firme en el hecho de que la verdad es verdad, nunca cambiará. Ésta era la postura que los tesalonicenses debían tomar. ¡Es donde todos debemos permanecer!

¿CUÁL ES EL DESTINO PARA AQUELLOS QUE AFLIGEN A UN HIJO DE DIOS?

Ꙩ Ꙩ Ꙩ Ꙩ

PRIMER DÍA

Habían pasado de cuatro a seis semanas desde que Pablo le había escrito su primera epístola a la iglesia de Tesalónica. Ahora les está escribiendo de nuevo. ¿Por qué? Lee todo el libro de 2 Tesalonicenses y mira si puedes descubrir su más urgente y más prevaleciente razón para escribirles esta carta.

Al ir leyendo, busca cualquier mención de sufrimiento entre los creyentes y nota la razón del mismo. Si observas esta razón en la primera lectura de 2 Tesalonicenses, anótalo en tu cuaderno debajo del encabezado 2 Tesalonicenses 1.

SEGUNDO DÍA

Puedes utilizar el mismo separador de páginas que utilizaste en el estudio de 1 Tesalonicenses para este estudio. Lee 2 Tesalonicenses 1:1-2:2 y marca las palabras clave de tu separador de páginas. En el estudio de este libro, marca *afligen*[12], *afligidos*[13] y *aflicción*[14] en una forma diferente a la que marcarás sufrimiento y persecusiones[15].

Según 2 Tesalonicenses 2:1,2, ¿qué les había sucedido a los creyentes de Tesalónica? ¿Por qué les sucedió? Escoge un lugar en tu cuaderno para escribir las impresiones generales

73

que tengas, tal y como lo hiciste en 1 Tesalonicenses y escribe tus observaciones debajo de 2 Tesalonicenses, capítulo 1.

Ahora bien, de lo que aprendiste sobre el día del Señor en el estudio de 1 Tesalonicenses, ¿crees que las aflicciones, los sufrimientos y las persecuciones que los creyentes de Tesalónica estaban sobrellevando los hizo más susceptibles al "rumor" de que el día del Señor ya había pasado?

TERCER DÍA

Ahora que tenemos un panorama general de esta corta epístola, veamos lo que podemos aprender de 2 Tesalonicenses. Lee el primer capítulo y marca toda referencia a los destinatarios de esta epístola. Si no deseas marcarlas en tu Biblia, entonces simplemente anota lo que observes en tu cuaderno. De igual forma, deberás hacer una lista en tu cuaderno de lo que aprendes acerca de los destinatarios.

Al hacer un repaso de lo que escribiste, nota que lo que aprendiste acerca de los tesalonicenses corresponde a las recomendaciones y deseos de Pablo para ellos. Compara 1 Tesalonicenses 3:5-10 con los comentarios relacionados a su fe en 2 Tesalonicenses 1:3,4. Luego compara el comentario de su amor en 2 Tesalonicenses 1:3 con el de 1 Tesalonicenses 4:9,10. Escribe tus observaciones en el cuaderno debajo del capítulo 1.

CUARTO DÍA

¿Qué puedes aprender acerca de Dios y del Señor Jesucristo en 2 Tesalonicenses 1? Lee de nuevo todo el capítulo y marca toda referencia a *Dios* y al *Señor Jesús* (*Cristo*). También marca toda referencia a *gloria*[16] y *glorificado* en una manera distintiva. Agrega estas palabras a tu separador de páginas.

Agrega cualquier nueva observación del texto en el capítulo 1 acerca de Dios y Jesucristo a la lista que ya iniciaste acerca de Jesús y Dios en 1 Tesalonicenses.

¿Estás sorprendido por lo que aprendiste acerca de Dios en este capítulo? ¿Cómo crees que el mundo responderá si compartieras estas observaciones con ellos? ¿Qué sucedería si ellos no coinciden contigo? ¿Qué si ellos han escuchado otra cosa acerca de Dios y te contradicen diciéndote que lo que ellos creen es la verdad? ¿Te sacudiría esa respuesta? ¿Por qué si o por qué no?

<hr />

QUINTO DÍA

Como vimos en nuestro estudio de 1 Tesalonicenses, el sufrimiento es el destino de los cristianos. Según 2 Tesalonicenses 1, ¿cuándo vendrá el alivio? ¿Cómo? Anota la respuesta en tu cuaderno, escribiendo una oración completa para que puedas recordar las preguntas que estás respondiendo. Puedes escribir algo así: "El alivio a la aflicción, persecución y sufrimiento vendrá a los hijos de Dios cuando _____."

Según 2 Tesalonicenses 1, exactamente ¿qué sucederá con aquellos que no conozcan a Dios y aflijan a los hijos de Dios? Lee cuidadosamente todo el capítulo, marcando toda referencia a estas personas. Luego anota todo lo que aprendiste de ellos en este capítulo. Examina tu información a la luz de las seis preguntas básicas. Aunque muchas de estas preguntas coincidan en algo, tal vez quieras hacer preguntas como éstas:

• ¿Quiénes son estas personas? ¿Cómo se les describe?

• ¿Qué han hecho? ¿Cómo se han relacionado y/o respondido a Dios?

- ¿Dónde están ellos ahora? ¿Qué les sucederá? ¿Quién lo hará?

- ¿Dónde estarán? ¿Por cuánto tiempo?

Cuando termines de interrogar el texto con el propósito de aprender todo lo que se pueda acerca de estas personas, anota tus nuevas observaciones adquiridas al haberte realizado estas preguntas.

SEXTO DÍA

Identifica y anota el tema principal de 2 Tesalonicenses 1 en el cuadro de PANORAMA GENERAL DE 2 TESALONICENSES que se encuentra en la página 100.

Este estudio de 2 Tesalonicenses probablemente despertará tu interés en el misterio de lo que está por suceder, en cómo será cuando Dios traiga la retribución a todos aquellos que no Le conozcan y que no obedezcan al evangelio de nuestro Señor Jesucristo. Eso es de lo que el libro de Apocalipsis se trata. Si quieres saber exactamente por ti mismo qué es lo que sucederá, te sugerimos los cuatro estudios de Apocalipsis en nuestra serie de estudio Precepto Sobre Precepto. *

----

*Si deseas hacer un estudio más comprensivo y profundo del tema de la iglesia en los últimos días y profecía para que puedas ver por ti mismo lo que las Escrituras dicen, entonces ordena nuestro estudio inductivo de Apocalipsis. Probablemente no harás un curso tan profundo, esclarecedor y con tanta recompensa. Es puramente inductivo. Aunque nunca tendrás que tocar un comentario, estarás absolutamente admirado de lo que podrás ver y aprender por ti mismo, al estudiar la Palabra con el método inductivo. Sin embargo, si esta serie de estudio de cuatro partes va más allá del tiempo que puedes dedicar, entonces existe un estudio de 13-semanas sobre Apocalipsis, *¡He Aquí, Jesús Viene!*, en la Nueva Serie de Estudio Inductivo. Es parte de la serie de estudio que ahora estás trabajando. Para información sobre este curso, contacta a la oficina de Ministerios Precepto Internacional en tu país.

Ahora bien, ¿cuál es tu tarea para hoy? Es sencillamente leer Apocalipsis 14:14-16, 19,20 solo para tener un sentido de lo que será cuando Dios traiga Su retribución a aquellos que no creyeron en Él.

─────── ✍✍ ───────
SÉPTIMO DÍA

Guarda en tu corazón: 2 Tesalonicenses 1:6,7.
Lee y discute: 2 Tesalonicenses 1:3-2:2.

Preguntas para la Discusión o Estudio Individual

~ ¿Qué aprendiste de las circunstancias de aquellos en Tesalónica al momento de ser escrita ésta segunda epístola?

~ ¿Cuál crees que fue la razón primordial de Pablo para escribir esta segunda epístola?

~ De lo que pudiste ver en 2 Tesalonicenses 1, ¿qué aprendiste de los creyentes en Tesalónica? Discute todo aquello que pueda ser aplicado a la vida diaria. ¿Comunica este capítulo un sentido de esperanza o de desconsuelo para los creyentes?

~ Realiza las seis preguntas básicas en relación a aquellos que Dios pagará con aflicción.

   a. ¿Quiénes son estas personas? ¿Cómo se les describe?

   b. ¿Qué han hecho? ¿Cómo se han relacionado y/o respondido a Dios?

   c. ¿Dónde están ellos ahora? ¿Qué les sucederá? ¿Quién lo hará?

   d. ¿Dónde estarán? ¿Por cuánto tiempo?

∽ ¿Qué aprendes en este capítulo acerca de Dios y Jesucristo?

∽ ¿Cuáles son tus impresiones generales de los pasajes que leíste en Apocalipsis? ¿Cómo aclaran estos pasajes sobre la retribución que será dada por Dios a aquellos que no Le conocieron y no obedecieron al evangelio del Señor Jesucristo?

PENSAMIENTO PARA LA SEMANA

Cuántas veces las personas han dicho a gritos, "Si Dios es Dios, entonces ¿por qué no ha hecho nada con toda esta injusticia en el mundo? ¿Por qué permite que Sus hijos sufran? ¿Por qué no viene a sanar a aquellos que Le pertenecen?"

Él lo hace, amigo. ¡Él lo hace! Las personas de éste mundo simplemente no lo pueden comprender porque ellos no saben que es "tener a Cristo, la esperanza de la gloria" (Colosenses 1:27). La gloria nos espera. Seremos vindicados. La culpa no quedará sin ser castigada. Dios es justo y recto, Redentor y Juez.

El sufrimiento presente que estamos pasando nos hace merecedores del reino de Dios. Nuestra constancia y paciente permanencia, nuestra perseverancia al enfrentar persecución, sufrimiento y aflicción testifican sobre la realidad de nuestra fe.

Sigue así, para que nuestro Dios te considere merecedor de tu llamado y cumpla todo deseo para bien y el trabajo de fe con poder, para que el nombre de nuestro Señor Jesús sea glorificado en ti y tú en Él, según la gracia de nuestro Dios y Señor Jesucristo.

¿CUÁNDO VENDRÁ EL DÍA DEL SEÑOR?

¡La verdad es liberadora! ¡Pero antes de ser liberado debes conocer la verdad!

PRIMER DÍA

Segunda de Tesalonicenses 2 es un capítulo crítico para tu comprensión de la profecía. Por lo tanto, debes estudiarlo cuidadosamente. Toma tu tiempo para observar el texto de inicio a fin. Asegúrate de permitir que el texto por sí solo, explique su mensaje, sin llegar a ninguna conclusión prematura o sin creer ninguna idea preconcebida. Este tipo de observación será nuestra tarea durante esta semana.

Lee todas las instrucciones de hoy cuidadosamente, antes de iniciar. Al empezar a escribir tus observaciones, busca "quiénes" son los personajes principales del capítulo 2.

Observa con atención todo lo que puedas de estas personas del texto. Haz un cuadro en tu cuaderno como el que se encuentra en las páginas 98 y 99 llamado LOS PERSONAJES DE 2 TESALONICENSES 2. Será bueno tener el cuadro también en tu cuaderno donde podrás tener más espacio para escribir lo que desees. Luego podrás transferir tus observaciones al cuadro de tu libro.

Como puedes ver, este cuadro tiene cinco columnas, LOS TESALONICENSES, EL HOMBRE DE PECADO, EL

79

SEÑOR JESUCRISTO, AQUEL QUE POR AHORA LO
DETIENE, AQUELLOS QUE SE PIERDEN. Escoge un
color distintivo para cada persona y colorea el encabezado
de la columna en el cuadro, con el mismo color que usarás
para distinguir a cada personaje en el texto de tu Biblia.
Claro que querrás utilizar el mismo color que has venido
usando a lo largo de este estudio de Tesalonicenses.

Empecemos hoy con los destinatarios de ésta epístola.
Lee el capítulo 2 y marca toda referencia a los creyentes
de Tesalónica, *hermanos*, como Pablo los llama. No olvides
marcar sus pronombres y sinónimos. Luego anota tus
observaciones en el cuadro de tu cuaderno.

Asegúrate de notar la preocupación de Pablo por ellos
y su razón para estarlo. ¿Qué cosas les ha enseñado? ¿Qué
es lo que él quiere que comprendan?

Cuando tu tarea sea completada, será bueno leer de nuevo
2 Tesalonicenses 2, para entender el hilo de pensamiento de
este capítulo. Verás en el versículo 13 cómo es que Pablo
compara en los versículos 10-12 a los tesalonicenses con
aquellos que se pierden. Cuando termines de leer, revisa tu
cuadro para asegurarte que esté completo. Medita en lo que
has observado. Nota la palabra *pero* en el versículo 13 y la
palabra *así que* en el versículo 15.

Repasa tu cuadro para que no hayas dejado nada sin
escribir, luego transfiere tus observaciones finales al cuadro
en tu libro.

SEGUNDO DÍA

El siguiente personaje que observarás es el *hombre
de pecado*[17]. Con mucha atención lee el texto y marca
todo sinónimo y pronombre usado para describirlo. Lee
con atención, buscando los pronombres. Asegúrate de
saber a quién se están refiriendo los pronombres antes de

marcarlos. Cuando termines, anota tus observaciones en el cuadro de tu cuaderno y luego pásalo al cuadro de la página 98.

Uno de los pasajes paralelos en el Nuevo Testamento es Mateo 24:15-30. Al final de la lección de ayer, se te indicó que notaras la frase *así que* en 2 Tesalonicenses 2:15. Al leer estos versículos de Mateo, encontrarás asombroso el marcar la frase *por tanto*[18] en el 24:15 y luego dibujar una línea conectándola con las otras palabras *así que* en los versículos 16, 21,23. (Nosotros hacemos un círculo de color verde en cada uno de ellos y luego dibujamos una línea de una palabra a otra, algo así como "conectando los puntos").

Como siguiente tarea, marca la frase *una gran tribulación* en el versículo 21. Luego marca la frase *pero inmediatamente después de la tribulación de esos días* (otra frase de tiempo) mencionada en el versículo 29. Finalmente, nota la palabra *entonces* del versículo 30 donde puedes ver el anuncio de la venida de nuestro Señor Jesús. ¡Él es el Hijo del Hombre, de quien hemos estado leyendo en 1 y 2 Tesalonicenses!

Cuando termines, si tienes el tiempo, repasa lo que has escrito y piensa en lo que has aprendido acerca del hombre de pecado. Recuerda lo que observaste con respecto a tomar Su lugar en el templo de Dios. Nota como esta explicación es una similitud con la abominación desoladora colocada en el lugar santo. Ambos lugares son el *naos*, una referencia al Lugar Santísimo en el templo judío. ¿Qué te indica esto sobre la necesidad de la presencia física de un templo en este tiempo?

TERCER DÍA

Con mucha atención lee 2 Tesalonicenses 2:1-12 y marca toda referencia al *Señor Jesucristo* de la misma manera en que has marcado Sus referencias anteriormente. Luego anota tus observaciones en el cuadro de tu cuaderno y luego en el que se encuentra en la página 99. Escribe tus impresiones, aunque coincidan con lo que ya escribiste de los Tesalonicenses o el hombre de pecado.

Quedan aún dos "personajes" más por observar. Uno es mencionado en 2 Tesalonicenses 2:7, *aquel que por ahora lo detiene*[19]. No hay mucha información para observar, pero lo que hay es crucial, por el papel clave que éste retenedor juega en el escenario de los eventos. Escribe tus impresiones en tu cuaderno, debajo del encabezado "aquel que por ahora lo detiene" y luego en el cuadro de la página 99.

Para finalizar, veamos el último personaje. Es un grupo al que se le refiere como *los que se pierden*. Empezando en el versículo 10, marca todas las referencias a este grupo, incluyendo sus pronombres y escribe tus observaciones en los cuadros. Cuando termines, compara tus observaciones con lo que observaste acerca de los tesalonicenses en los versículos 13-17. Hay un contraste intencionado por el autor.

ᗢᑎᗢ

CUARTO DÍA

Hoy lee todas las instrucciones antes de empezar. En el estudio de hoy, harás un profundo estudio sobre el día del Señor descrito en 2 Tesalonicenses 2. Lee el capítulo con mucha atención. Marca todas las referencias *al día del Señor* o *la venida de nuestro Señor Jesucristo*. No olvides marcar sus pronombres y sinónimos. Cuando hayas terminado, lee de nuevo el capítulo y anota en tu cuaderno todo lo que aprendiste en este capítulo de este evento.

Nota en este capítulo lo que precederá al día del Señor, el orden de eventos y cualquier impresión que tengas sobre la anticipación de los *tesalonicenses* para este día. Observa frases de tiempo como *no vendrá sin que primero*[20] y *entonces*.

Al estudiar el día del Señor en este capítulo, considera lo siguiente: En el versículo 2 cuando dice "en el sentido de que el día del Señor ha llegado,"[21] el verbo *ha llegado* se encuentra en el modo activo indicativo en el tiempo perfecto. El tiempo perfecto del verbo *ha llegado* implica una acción que sucedió en el pasado pero que aún está vigente. La voz activa significa que el sujeto (el día del Señor) conlleva la acción. El modo indicativo es el modo declarativo o modo de certeza, una oración de hecho que asume la veracidad del punto de vista del hablante.

Ahora, a la luz de este conocimiento, lee el versículo otra vez, según su contexto. Pregúntate a ti mismo qué es lo que los tesalonicenses están diciendo y lo que Pablo está diciendo. Así tendrás un mejor entendimiento del por qué Pablo debía escribirles tan rápidamente después de haberles escrito la primera epístola.

QUINTO DÍA

En la página 97 encontrarás el cuadro de LA ENSEÑANZA DE 1 & 2 TESALONICENSES SOBRE EL DÍA DEL SEÑOR. Toma tus apuntes sobre el día del Señor de 1 y 2 Tesalonicenses y escríbelos en esta página. Mientras trabajas, nota cualquier impresión que puedas captar sobre este día, realizando las seis preguntas básicas. No tendrás todas las respuestas sobre el día del Señor, pero será un buen inicio. Mira cuántas de las siguientes preguntas se resuelven en 1 y 2 Tesalonicenses:

1. ¿Quién estará presente? ¿Quién estará ausente? ¿Quién estará involucrado?

2. ¿Qué sabes de este día?

3. ¿Cuándo sucederá?

4. ¿Dónde sucederá?

5. ¿Por qué se dará?

6. ¿Cómo vendrá o sucederá?

Una vez hayas terminado, repasa el cuadro de LOS PERSONAJES DE 2 TESALONICENSES 2 para refrescar tu memoria de cómo, cada una de estas personas o grupos de personas, se relacionan con el día del Señor. También no te olvides de completar tu cuadro en la página 100 del Panorama General de 2 Tesalonicenses, escribiendo tu tema para el capítulo 2. Por último, nota cualquier "LPV" que puedas aplicar a tu vida.

SEXTO DÍA

Hoy buscaremos otras referencias al día del Señor, para ver lo que dicen sobre este día. Al buscar estos versículos, anota cualquier impresión en el cuadro de tu cuaderno. También puedes escribir las referencias al *día del Señor* al margen de tu Biblia junto a 2 Tesalonicenses 2.

Recuerda examinar las referencias en su contexto. Contexto son los versos que preceden y siguen al versículo(s) que estés buscando. También busca en tus observaciones la palabra *antes* y márcala en el texto, ya que es una frase de tiempo y crucial para comprender el tiempo de los eventos. ¡Diviértete, pero no asumas que ya tienes un panorama completo del día del Señor! Hay mucho más que estudiar todavía.

1. Joel 1:15; 2:1-3, 11,30-32

2. Hechos 2:14-21 (una referencia a Joel 2)

3. Malaquías 4:5,6

SÉPTIMO DÍA

Guarda en tu corazón: 2 Tesalonicenses 2:3.
Lee y discute: 2 Tesalonicenses 2.

PREGUNTAS PARA LA DISCUSIÓN O ESTUDIO INDIVIDUAL

❧ ¿Qué aprendiste de los diferentes personajes en 2 Tesalonicenses 2?

En el aula de clase, duplica el cuadro que los estudiantes hicieron en su estudio y anota sus observaciones. La repetición del material y la discusión consecuente ayudará a sellar las verdades de 2 Tesalonicenses 2 en sus mentes.

Al observar el contraste entre los tesalonicenses y aquellos que se pierden, pregúntale a la clase lo que aprendieron al hacer estos apuntes sobre el cristianismo genuino. Date cuenta que los perdidos no creyeron ni amaron la verdad. Al estudiar al hombre de pecado, observa que él tiene poder y la habilidad de hacer señales y maravillas. Estos factores ayudarán a verificar que los fenómenos sobrenaturales no necesariamente vienen de Dios. Solo porque escuchamos que señales y maravillas se llevan a cabo o las vemos demostradas en persona o por televisión, no significa que el individuo que clama estar haciendo un trabajo de Dios o ser enviado de Dios sea genuino.

El hecho de que cada uno de los estudiantes esté haciendo este estudio demuestra su respeto, apreciación y hasta el amor que tienen por la verdad, ya que están buscando conocerla por sí mismos y se están disciplinando así mismos, con el propósito de ser devotos a Dios. De parte

*de Ministerios Precepto, por favor dile a cada uno de ellos
cuánto los felicitamos y apreciamos. También queremos
que sepas que estamos agradecidos por tu liderazgo y
voluntad para guiarlos a la verdad.*

∾ ¿Qué aprendiste sobre el día del Señor? Asegúrate de
recordar las tres cosas mencionadas en 2 Tesalonicenses
que deberán suceder *antes* del día del Señor: primero
la apostasía (versículo 3), el hombre de pecado será
revelado (versículo 3) y el represor será quitado de en
medio (versículo 7). Cuando el represor sea quitado de
en medio, entonces allí será la revelación del hombre
de pecado, antes que venga el día del Señor.

Piensa en lo que leímos en Mateo 24 y mira lo que
sucederá antes del hombre de pecado, la abominación
desoladora tomará su lugar en el templo. Sigue las frases
de tiempo utilizadas y verás que la venida del Señor
ocurrirá seguidamente a ésto. ¿Qué estaban buscando los
tesalonicenses? ¿El día del Señor o la venida del Hijo del
Hombre, su Señor Jesucristo? ¿Crees que el hecho que
Pablo les haya enseñado que escaparían al día del Señor,
que ellos no estaban destinados a pasar todo ese mal, sea
la razón por la que estaban tan estresados y alarmados?
¿Sería la razón para estar tan perturbados por un espíritu,
mensaje o carta que se decía ser escrita por Pablo, Silvano
y Timoteo donde se les anunciaba que el día del Señor ya
había llegado? ¿Es una pregunta que vale la pena meditar,
no lo crees? Talvez por lo que Pablo les había enseñado en 1
Tesalonicenses 3:13, pensaron que encontrarían al Señor en
el aire antes que el día del Señor sucediera y allí ya estarían
con Él "en la venida de nuestro Señor Jesús con todos sus
santos". Puede ser que por eso Pablo dijo, "con respecto a
la venida de nuestro Señor Jesucristo y a nuestra reunión
(*episunagoges*: unirse juntos) con Él."

PENSAMIENTO PARA LA SEMANA

Conocer la verdad por nosotros mismos es tan importante, ¿no lo crees? Si conocemos la verdad por nuestro propio estudio, no seremos engañados por ningún viento de doctrina, por la astucia de los hombres, por las artimañas engañosas del error… ni movidos de nuestra postura… o afligidos por una revelación que no sea de la Palabra de Dios, Su Biblia infalible.

Continúa amando la verdad, prosigue a la meta. Continúa siendo la respuesta a la oración de nuestro Señor para ti: [Padre,] no te ruego que los saques del mundo como tampoco Yo soy del mundo" (Juan 17:15). Recuerda que Satanás es un mentiroso, un engañador y no permanece en la verdad. Él será quien da el poder al hombre de pecado. Pero, aún así, tienes un arma ofensiva, la única que necesitas – la Palabra de Dios, la espada del Espíritu. Y como Jesús continúa en Su oración, "Santifícalos en la verdad; Tu palabra es verdad" (Juan 17:17).

¡Toma tu espada de su mango, bésala y sigue adelante con valentía! La victoria es tuya.

¿Qué Sucede Con Los Que Llevan una Vida Desordenada?

 captain

¿Qué dice Dios con respecto a llevar una vida desordenada y fuera de los reglamentos?

PRIMER DÍA

Ahora tomaremos otro rumbo y daremos un cambio de curso en la enseñanza de esta corta epístola. Lee 2 Tesalonicenses 3 para tomar el sentido de dirección que la carta de Pablo toma en este punto. Observa detenidamente el término que utiliza Pablo al inicio de este capítulo, que hace notar a los lectores, que están llegando al final de su carta. Al ir leyendo, marca cada aparición de las palabras *modelo* o *ejemplo*. Luego marca toda referencia a Pablo, Silvano y Timoteo. También marca los pronombres *nosotros* y *ustedes*, como también los pronombres que se refieran a Pablo. Cuando termines de marcar las referencias a los autores, regresa al primer capítulo de 1 Tesalonicenses y léelo de nuevo.

De todo lo que has aprendido sobre el propósito primordial de Pablo para escribir ésta segunda carta a los tesalonicenses, ¿por qué crees que Pablo pone su marca personal en esta carta? Anota tus observaciones en el cuaderno debajo del encabezado 2 Tesalonicenses 3.

~∽◠∾

SEGUNDO DÍA

Hoy debes leer el capítulo 3 y marcar toda referencia a los tesalonicenses. Luego en tu cuaderno escribe debajo del título capítulo 3, todo lo que aprendiste marcando las referencias a este "trío". También anota el propósito de escribir lo que escribió Pablo en este capítulo.

~∽◠∾

TERCER DÍA

Agrega la palabra *desordenadamente*[22] en tu separador de páginas. Luego lee nuevamente el capítulo 3 y esta vez marca todas las palabras de tu separador de páginas. Anota en tu cuaderno lo que aprendiste sobre "desordenadamente".

Cuando hayas terminado de recopilar todas tus observaciones, lee de nuevo el capítulo 3 y mira si existe algo en las observaciones que escribiste en tu cuaderno, que se relacione contigo de alguna manera. Si es así, indícalo en tu cuaderno dibujando una estrella junto a las observaciones y habla con el Señor respecto al tema.

~∽◠∾

CUARTO DÍA

En 2 Tesalonicenses 3:1, Pablo le pide a los creyentes de Tesalónica que oren por ellos. La oración era parte integral del ministerio y de la vida de Pablo. Busca las siguientes referencias a la oración en 1 y 2 Tesalonicenses. Escribe estas referencias en tu cuaderno. Después de cada referencia, escribe lo que observas acerca de la oración en el texto. Examina estos versículos y el tema de la oración, utilizando las seis preguntas básicas.

1. 1 Tesalonicenses 1:2-5
2. 1 Tesalonicenses 3:9-13
3. 1 Tesalonicenses 5:17, 18,25
4. 2 Tesalonicenses 1:11,12
5. 2 Tesalonicenses 3:1,2

Al estar observando la petición de Pablo para que oraran por ellos en 2 Tesalonicenses 3:1,2 podrás ver una referencia *al maligno*[23]. Hay algunas preguntas sobre esta traducción ya que puede estarse refiriendo simplemente al *mal* o *al mismo hacedor del mal*. Regresa a 1 Tesalonicenses 2:18 y 3:3-5 y compara lo que leíste en 2 Tesalonicenses 3:1-3 con estos versículos.

¿Quién está detrás del mal en el hombre? Busca Efesios 2:1-3 y Juan 8:44 y anota en tu cuaderno tu respuesta.

QUINTO DÍA

Antes de que continúes con la siguiente tarea, considera los siguientes tiempos del verbo utilizados en el capítulo 3. Estas observaciones te proveerán de una mayor comprensión en cuanto a las actividades "repetidas" que se describen en 2 Tesalonicenses 3:6-15. Recuerda que el tiempo presente de los verbos en el griego denota continuidad o acción habitual. Los siguientes verbos se encuentran en el tiempo presente. Lee cada versículo tomando esto en cuenta.

versículo 6: *aparten*[24] (evitar)
versículo 7: *seguir*[25]
versículo 8: *trabajamos*
versículo 11: *andan metiéndose en todo*[26]
versículo 12: *trabajando*[27]
versículo 14: *no se asocien*[28]
versículo 15: *amonéstenlo*[29]

La frase *les ordenamos*[30] es una frase repetida en 2 Tesalonicenses 3:4, 6,12. Busca los versículos y anota a quiénes se dirigen estas ordenanzas y qué es lo que

Pablo está "ordenando" a estas personas. Compara estas ordenanzas con 1 Tesalonicenses 4:9-12 y busca la frase *les instamos*.[31] ¿Qué aprendes de estas ordenanzas de Pablo? Anota lo que aprendiste en tu cuaderno.

ᴥᴥ

SEXTO DÍA

Pablo utiliza dos veces en esta epístola la palabra *doctrina*[32]*(s)*. La primera mención se hace en el 2:15 y la segunda en el 3:6. La traducción del griego para *doctrina* es *pardosis* que significa "enseñanza llevada." Es una tradición, una doctrina o directiva llevada o comunicada de una persona a otra. Por ello, Pablo escribe "conserven las doctrinas que les fueron enseñadas, ya de *palabra*, ya por carta nuestra" (2 Tesalonicenses 2:15).

Recuerda que en los tiempos de Pablo no existía "el Nuevo Testamento" todavía. Aunque, él y otros estaban en el proceso de escribirlo bajo la inspiración divina del Espíritu Santo. Por ello, lo que Pablo escribió en las epístolas es la Palabra del Señor a la iglesia.

¿Cuál fue la instrucción específica de Pablo con respecto a esas personas que no querían trabajar? Escribe la cita en tu cuaderno donde se encuentra esta instrucción. Luego escribe todo lo que Pablo dice en relación a todos aquellos que llevaban una vida desordenada. Al ir escribiendo, nota quién es el ejemplo que los tesalonicenses tienen de una vida ordenada.

Asegúrate de no obviar lo que los tesalonicenses debían hacer con aquellos que no querían obedecer las instrucciones que Pablo dio a lo largo de esta carta. Una vez que hayas terminado todas tus tareas, piensa en lo que has aprendido. Piensa en cómo pondrás en práctica lo que has aprendido, para ayudar a personas cristianas que quieran vivir una vida "de libertinaje."

Ahora que ya hemos estudiado la palabra *doctrina*, ¿crees que debemos mantener todas las doctrinas? ¿Tienen todas las doctrinas el mismo valor que la Palabra de Dios? Hay muchos que dicen que "sí". Sin embargo, esto no es lo que Jesús dijo. Busca Marcos 7:1-13 y marca toda referencia a doctrina(s). Al estudiar esta palabra, nota cómo el contexto te ayuda a comprender cómo es que el uso de *doctrina* en este pasaje difiere al uso que se le da en 2 Tesalonicenses.

Recuerda que ahora nosotros tenemos la Palabra de Dios completa. Según 2 Timoteo 3:16,17, la Palabra de Dios es todo lo que el hombre necesita para toda buena obra. Es tu punto de partida. Si cualquier doctrina de hombre no se encuentra en la Palabra de Dios o es apoyada por Ella, eso quiere decir que es una simple doctrina humana. Es una diferencia grande el uso que se le da aquí, con el que se le da en 2 Tesalonicenses, donde el contexto se refiere a la doctrina sólida inspirada por Dios que Pablo está enseñando.

Completa el último tema para el capítulo 3 de 2 Tesalonicenses y nota si encuentras alguna "LPV" para tu vida.

SÉPTIMO DÍA

Guarda en tu corazón: 2 Tesalonicenses 3:1,7 o 16.
Lee y discute: 2 Tesalonicenses 3.

PREGUNTAS PARA LA DISCUSIÓN O ESTUDIO INDIVIDUAL

∾ El último capítulo de la epístola de Pablo inicia con una petición de oración.

    a.   ¿Qué le pide Pablo a los tesalonicenses que ore por ellos (Pablo, Silvano y Timoteo)?

    b.   ¿Por qué crees que Pablo les pide que oren por esto?

c. ¿Qué puedes observar al comparar 1 Tesalonicenses 2:18 y 3:3-5 con 2 Tesalonicenses 3:1-3?

d. ¿Qué aprendiste al estudiar Efesios 2:1-3 y Juan 8:44?

e. ¿Qué aprendiste en 1 y 2 Tesalonicenses sobre la oración al simplemente buscar las referencias hechas referentes al tema?

- 1 Tesalonicenses 1:2-5
- 1 Tesalonicenses 3:9-13
- 1 Tesalonicenses 5:17,18,25
- 2 Tesalonicenses 1:11,12
- 2 Tesalonicenses 3:1,2

∾ ¿Cómo puedes aplicar lo que aprendiste a tu propia vida?

∾ ¿Qué era lo que Pablo, Silvano y Timoteo esperaban de los tesalonicenses con respecto a lo siguiente:

a. sus ordenes?

b. sus doctrinas?

∾ ¿A qué se referían al mencionar doctrinas? Discute lo que aprendiste en 2 Tesalonicenses y luego lo que estudiaste en Marcos 7:1-3.

∾ ¿Cómo debe la iglesia manejar y responder a lo siguiente:

a. aquellos que llevaban una vida desordenada e indisciplinada?

b. aquellos que querían comer pero sin trabajar?

∾ ¿Cuál debía ser la actitud que debía tomarse con respecto a aquellos que no obedecieran las instrucciones dadas por Pablo?

∽ ¿Cuál fue el modelo, el ejemplo, dado por Pablo, Silvano y Timoteo?

∽ ¿Cuál es la verdad o ejemplo más importante que has tomado para tu propia vida en estas últimas nueve semanas? ¿Por qué?

∽ ¿Puedes decir, como lo hicieron los tesalonicenses, que te has arrepentido y dirigido tu vida a Jesucristo y que ahora Le estás sirviendo? ¿Puedes decir que estás esperando la venida del Hijo de Dios desde el cielo, Aquel que Dios levantó de la muerte, El que te liberará del sufrimiento venidero? ¿Estarás firmemente esperándolo?

∽ Repasa el contenido de esta epístola, compartiendo lo que escribiste en tu cuadro de PANORAMA GENERAL.

∽ ¿Cuál es tu oración? ¿Cuál es la oración que harás por otros?

Si estás en un aula de clase, toma el tiempo necesario para orar unos por otros.

∽ ¿Qué libro de la Palabra de Dios seguirás estudiando? Pues no puedes parar ahora… debes encaminarte y afianzarte en el consejo completo que solamente da la Palabra de Dios, el día del Señor viene pronto y el misterio del hombre de pecado está por empezar. Deberás estar listo para predicar Su Palabra a tiempo y fuera de tiempo, porque vendrá tiempo cuando no soportarán la sana doctrina, sino que teniendo comezón de oídos, acumularán para sí maestros conforme a sus propios deseos. Prepárate, sigue estudiando la Palabra de Dios.

Pensamiento para la Semana

"Pero nosotros siempre tenemos que dar gracias a Dios por ustedes, hermanos amados por el Señor, porque Dios los ha escogido desde el principio para salvación mediante la santificación por el Espíritu y la fe en la verdad. Y fue para esto que Él los llamó mediante nuestro evangelio para que alcancen la gloria de nuestro Señor Jesucristo" (2 Tesalonicenses 2:13,14).

Esto es lo que sentimos por ustedes. Aunque no conocemos a muchos de ustedes personalmente, lo que es nuestro punto débil, el simple hecho de saber que *estás* diligentemente estudiando la Palabra de Dios libro por libro a través de la Nueva Serie de Estudio Inductivo, causa en nosotros el deseo de darle gracias a Dios por tu vida. El que sigas estudiando Su Palabra demuestra que eres un verdadero discípulo del Señor Jesucristo y si aún no eres un creyente, entonces eres un investigador determinado.

Si perseveras en lo que estás estudiando y profesando, entonces, como estudiamos en 1 Tesalonicenses 3, demuestra la realidad de tu fe. Nos sentimos como Pablo cuando escribió, "ahora *sí* que vivimos, si ustedes están firmes en el Señor" (1 Tesalonicenses 3:8).

Como puedes ver en estos versículos, Dios te escogió desde el principio para salvación. Es una salvación que viene a través de la santificación del Espíritu y fe en la verdad. Piensa en esto, la forma en que tu fe ha ido creciendo como resultado de llenar tu vida de la verdad durante estas últimas nueve semanas.

¿Y qué es lo que te espera? La gloria del Señor Jesucristo que te aguarda en Su venida. "Así que, hermanos, estén firmes y conserven las doctrinas que les fueron enseñadas, ya de palabra, ya por carta nuestra" (2 Tesalonicenses 2:15).

Las "cartas" fueron las que acabas de estudiar... la Palabra de Dios dada a un hombre que permaneció firme. ¡Mantén la doctrina!

Y que el mismo Señor de paz siempre les conceda paz en todas las circunstancias. ¡El Señor sea con todos ustedes! (2 Tesalonicenses 3:16).

LO QUE 1 & 2 TESALONICENSES ENSEÑAN SOBRE EL DÍA DEL SEÑOR

Los Personajes de 2 de Tesalonicenses 2

Los Tesalonicenses	Los Hombres en Desorden

Los Personajes de 2 de Tesalonicenses 2

El Señor Jesucristo	El que detiene	Los que Perecen

Tema de 2 Tesalonicenses:

División
por secciones

Autor:

*Transfondo
Histórico:*

Propósito:

Palabras Clave:

	TEMA DE LOS CAPÍTULOS
	1
	2
	3

NOTAS

1 Tesalonicenses

1   RV60 *tribulacion*; NVI *sufrimiento*

2   RV60 *padecido*; NVI *aflicciones*

3   RV60 *padecido*; NVI *sufrieron*

4   RV60 *padecido;* NVI *sufrimos*

5   RV60 *ultrajados*; NVI *insultos*

6   RV60 *tribulaciones*; NVI *sufrimientos*

7   RV60 *vosotros*

8   RV60 *han creído, creyentes, creemos;* NVI *creyentes, creemos*

9   NVI *según las Escrituras*

10   RV60 *apartéis*; NVI *aparten*

11   RV60 *recibir;* NVI *encontrarnos*

2 Tesalonicenses

12   RV60 *atribulan*; NVI *hacen sufrir*

13   RV60 *atribulados;* NVI *sufren*

14   RV60 *tribulación*; NVI *sufrimiento*

15   RV60 *tribulaciones*; NVI *sufrimientos*

16 NVI *majestad*

17 NVI *hombre de maldad*

18 NVI *así que*

19 RV60 *quien al presente lo detiene*
    NVI *el que ahora lo detiene*

20 RV60 *no vendrá sin que antes*
    NVI *primero*

21 RV60 *está cerca*; NVI *ya llegó*

22 NVI *viviendo como un vago*

23 RV60 *mal*

24 RV60 *apartéis*

25 RV60 *imitarnos*

26 RV60 *entremetiéndose en lo ajeno*
    NVI *se meten en lo que no les importa*

27 NVI *se pongan a trabajar*

28 RV60 *no os juntéis con él*; NVI *no se relacionen con él*

29 RV60 *amonestadle*

30 RV60 *mandado*; NVI *enseñado*

31 RV60 *rogamos*; NVI *animamos*

32 RV60 *doctrina, enseñanza*; NVI *enseñanzas*

Notas para el Estudio Personal

Notas para el Estudio Personal

❧ ❧ ❧ ❧

Notas para el Estudio Personal

∾ ∾ ∾ ∾

Notas para el Estudio Personal

❧ ❧ ❧ ❧

Notas para el Estudio Personal

∾∾∾∾

www.ingramcontent.com/pod-product-compliance
Lightning Source LLC
Chambersburg PA
CBHW071613040426
42452CB00008B/1329